Lieblingsplätze SÜDTIROL

Lieblings-plätze

SÜDTIROL

GMEINER

MARTIN HANNI / RENATE RANZI

Autor und Verlag haben alle Informationen geprüft. Gleichwohl wissen wir, dass sich Gegebenheiten im Verlauf der Zeit ändern, daher erfolgen alle Angaben ohne Gewähr. Sollten Sie Feedback haben, bitte schreiben Sie uns! Über Ihre Rückmeldung zum Buch freuen sich Autor und Verlag: lieblingsplaetze@gmeiner-verlag.de

Sofern nicht im Folgenden gelistet, stammen alle Bilder von Renate Ranzi: Martin Hanni 34, 86, 110, 130, 140, 166, 168, 170, 186, 189; Gregor Khuen Belasi 56, 78; Heiner Mueller-Elsner / Agentur Focus 58; Tourismusverein Sarntal/M. Lange 72

QR-Code einscannen und kostenloses E-Book anfordern.

Besuchen Sie uns im Internet:
www.gmeiner-verlag.de

1., überarbeitete Neuauflage 2022

Im Ehnried 5, 88605 Meßkirch
Telefon 07575/2095-0
info@gmeiner-verlag.de

Lektorat/Redaktion: Anja Kästle
Herstellung: Julia Franze
Bildbearbeitung/Umschlaggestaltung: Susanne Lutz
unter Verwendung der Illustrationen von © SimpleLine, © Arcady, © Ljupco Smokovski, © PremiumGraphicDesign, © SylwiaNowik, © paullouis, © VRD – stock.adobe.com; © Katrin Lahmer; © Benjamin Arnold; © Susanne Lutz
Kartendesign: Mirjam Hecht
Druck: AZ Druck und Datentechnik GmbH, Kempten
Printed in Germany
ISBN 978-3-8392-0167-1

TALSCHAFTEN, STADTGESCHICHTEN

BAUWERKE, SCHAUWERKE

ESS- UND TRINKGEWOHNHEITEN

EINCHECKEN, AUSCHECKEN

AUGENBLICKE, AUSSENBLICKE!

Die Oswaldpromenade liegt zwischen den Bozner Stadtteilen St. Anton und St. Magdalena. In vielen kleinen Kurven führt sie nach oben – zu mehreren Aussichtspunkten!

PROMINENTE AN PROMENADEN

Eine Einladung

Südtirol? Ist das Österreich? Die Schweiz? Mit Verwunderung stellen viele erst im zweiten Moment fest, dass Südtirol auf italienischem Staatsgebiet liegt und dass hier ein Großteil der Menschen in Tiroler Dialekten kommunizieren. Das kleine Land in den Bergen gilt in Europa als ein Paradebeispiel für das Zusammenleben verschiedener Sprachgruppen und für die positive Entwicklung von Wirtschaft und Tourismus. Hier gibt es drei offizielle Landessprachen: Italienisch, Deutsch und Ladinisch. Über Jahrhunderte hinweg – von 1363 bis 1918 – war Tirol mit dem heutigen Trentino Teil des Habsburger Kaiserreiches. Mit Unterzeichnung des Friedensvertrags von Saint-Germain am Ende des Ersten Weltkrieges wurde im September 1919 der südlich vom Brenner gelegene Teil an Italien übertragen. Heute hat Südtirol eine Vorzeige-Autonomie und wird von vielen Nationalstaaten zu Fragen in der Minderheitenpolitik konsultiert. Daneben steht Südtirol vor allem für viel unberührte Natur, das Welterbe der Dolomiten, Skilaufen, Wandern, Äpfel, Bauern und gepflegtes Brauchtum.

Es sind meist die typisch untypischen Plätze, die ein Land ausmachen. Sie finden im Buch ebenso Platz wie viele interessante Begebenheiten an noch interessanteren Lieblingsplätzen, eine gute Portion informationsgeladene Apfel- und Hotelgeschichten sowie Ausflüge in die Vergangenheit, Gegenwart und die Zukunft. Exemplarisch dafür stehen soll eine Flanier-Promenade in Südtirols Landeshauptstadt Bozen, die nicht nur zum Spazieren einlädt, sondern für manche Menschen auch die Funktion als Ort zum Krafttanken und als Arbeitsplatz erfüllt:

»Entlang der Bozner Oswaldpromenade probe ich immer wieder für anstehende Rollen«, erzählt die Schauspielerin Anna Unterberger und fügt hinzu, dass ihr deshalb von anderen Promenierenden auch schon mal »befremdete Blick zugeworfen werden«. Die gebürtige Bozner Promenadenbesucherin zählt zu Südtirols prominentesten Schauspielerinnen. 2009 absolvierte Unterberger ihre Schauspielausbildung am Konservatorium Wien. Sie spielte in den Verfilmungen

Am Ende des Tages von Peter Payer, *Die Vermessung der Welt* nach dem Buch von Daniel Kehlmann und der Regie von Detlev Buck sowie in *Gundermann* von Andreas Dresen und *Was wir wollten* von Ulrike Kofler. Vor einigen Jahren hat die freischaffende Schauspielerin beschlossen, ihren Wohnsitz nach Berlin zu verlegen. »Seit ich nicht mehr in Südtirol lebe, habe ich die Schönheit dieses Landes erst schätzen gelernt«, sagt sie und antwortet auf die Frage, vor welcher Südtiroler Filmkulisse sie gerne ihre Lieblingsrolle spielen würde in bodenständigem Südtiroler Dialekt: »I tat gern af dr Olm a bodenständigs Bauernmadl mit Gummistiefl spieln, de die Kia melkt und dorbei schiane Liadln sing, de aufwocht in der Fria und in Schlern vorm Fenstr hot, und s'erschte, wos sie riacht, isch die frische Bergluft.« Die Rolle – für diesen möglichen Film mit Untertitelgarantie – würde Anna Unterberger mühelos über die Bühne bringen.

Unterbergers privater Probenort im öffentlichen Raum beginnt in Bozen auf der Höhe des Ansitzes Klebenstein und zieht sich wie Efeu serpentinenförmig nach oben. Oben angekommen hat man einen fabelhaften Ausblick über die Stadt und in Richtung Südtiroler Unterland.

An manchen Tagen kann es vorkommen, dass man hier die Schauspielerin bei der Textprobe trifft. Sie, die »hier oben hervorragend proben kann«, hat auch eine freche Antwort auf die Frage nach ihrem Lieblingsapfel parat: »Es ist immer jener Apfel, den ich bei Radtouren vom Baum stibitze.« – Bitte nicht nachmachen!

Martin Hanni

TALSCHAFTEN, STADTGESCHICHTEN

Das Land der Berge Südtirol kann entsprechend seiner geografischen Lage auch viele Täler sein eigen nennen – größere und kleinere Täler, dicht oder weniger dicht besiedelte, sonnigere und finstere. An den Schnittpunkten der Talschaften finden sich dörfliche und städtische Ansiedelungen – historisch gewachsene, soziale Marksteine einer alpinen Landschaft und Gesellschaft. Auf den nächsten Seiten werden Täler und Städte porträtiert, gemeinsam und ausnahmsweise ohne »Heimatgedudel«.

Philosophische Gedanken über den Heimat-Begriff lassen sich im Werk von Vilém Flusser (1920–1991) entdecken, der zeitweise in Südtirol weilte. Der bekannte Medienphilosoph und Kommunikationswissenschaftler hatte als junger Mann seine gesamte Familie in Konzentrationslagern verloren und ging von 1940 bis 1972 nach Brasilien. Bevor er im südfranzösischen Robion seinen Lebensabend verbrachte, lebte Flusser mit seiner Frau Edith knapp zwei Jahre in

der Stadt Meran. Hier hat er sich unter anderem dem Tal-Begriff philosophisch genähert – etwa im Text *Mein Tal in Südtirol,* wo ihm am Ende das »Tal nicht mehr als Weg, der zu einem Ziel führt, sondern als Mittelstück eines Weges« erscheint. Philosophie vom Feinsten!

Die nachfolgend beschriebenen Talschaften und Stadtgeschichten sind auch Mittelstücke – es ist vielleicht das einzige, was sie gemein haben. Die Reise beginnt in Glurns, der kleinsten Stadt, und zieht sich bis ins Gsiesertal im Osten des Landes. Dazwischen tummeln sich Geschichten über Brillenschafe im Tal und Platzhirsche in der Stadt, über Wellness von gestern, Erstbegehungen von heute und Kino-Täler von Morgen.

Ob Stadt oder Peripherie, dicke Luft oder Landluft – wer will, kann in Südtirol beides haben. Je nach Lust und Laune!

1

Lauben
Laubengasse
I-39020 Glurns

Tourismusbüro
Im Torwärterhaus
Florastraße
I-39020 Glurns
+39 (0)473 831097
www.glurns.eu

DIE STADT DES BILDERSCHRIFTSTELLERS

Auf den Spuren von Paul Flora in den Lauben

In Glurns, einer der kleinsten Städte in den Alpen, kam es 1519 zu einem spektakulären Prozess. Angeklagt war eine Schar von Mäusen, die zuvor auf den Feldern um Glurns herum großen Schaden angerichtet hatten. Das Gericht bezweifelte den bösen Willen und die Schuldfähigkeit der Beklagten und jagte sie aus der Stadt. Der 1922 in diesem lieblichen Städtchen geborene Zeichner Paul Flora hat in seinem unverkennbaren Schraffur-Stil festgehalten, wie eilig es die Mäuse nach dem Prozess gehabt haben dürften, als sie einst durch eines der Stadttore Glurns verließen.

Floras Karikaturen prägten viele Jahre die deutsche Wochenzeitung *Die Zeit* und so wurde für den weit über die Stadtmauern hinaus bekannten Zeichner vor einigen Jahren im sogenannten *Tauferer Tor* eine Dauerausstellung mit über 60 Arbeiten eingerichtet. Der Karikaturist, Grafiker und Illustrator galt als Freund der Literatur und Schriftsteller.

So unterstützte er den lokalen Dichter Norbert C. Kaser in finanziell schwierigen Zeiten, war mit dem Schweizer Friedrich Dürrenmatt sehr gut befreundet oder fertigte mit seiner spitzen Feder böse Nachkriegskarikaturen für das Kriegstagebuch *Notabene 45* von Erich Kästner. Kästner dankte es seinem Zeichner und vermittelte ihm eine Ausstellung in New York. Vielleicht hat Kästner sogar einmal in Glurns Halt gemacht und ist durch die kleinen Lauben spaziert, etwa als er nach einem zweiwöchigen Tennis-Urlaub in Meran im Jahr 1933 nach Zürich weiterreiste? Die Glurnser Geschichte rund um den Mäuseprozess hätte dem Schriftsteller sicher ähnlich viel Freude bereitet wie später die Zeichnungen seines Freundes Paul Flora.

Inmitten des alten Laubengewölbes finden sich kleine, schmucke Läden. Und freundliche Menschen.

2

Im Unterschied zum Film »Das finstere Tal« ist ein Besuch am Marchegghof bei sommerlichen Temperaturen angenehmer – und überhaupt nicht finster!

Marchegghof
Kurzras 6
I-39020 Schnalstal
+39 (0)473 662163
www.marchegghof.com

SCHNITZEL-WESTERN UNTERM GLETSCHER

Marchegghof

Das finstere Tal lautet der Titel des ersten Alpenkrimis von Thomas Willmann. In der Verfilmung – mit einer Reihe namhafter Schauspieler – nimmt das finstere Tal Gestalt an und das Schnalstal bietet die beeindruckende Kulisse dieses düsteren Films, in dem wenig gesprochen wird. Schauspieler und Medien umschreiben den mehrfach ausgezeichneten Film liebevoll mit dem Begriffspaar »Schnitzel-Western«. Gedreht wurde der Großteil der gruseligen Geschichte am Marchegghof in Kurzras. Das kleine Hofensemble wurde zu einem Weiler mit Dorfplatz umgestaltet. Hier drehten die Schauspieler um Tobias Moretti und Sam Riley bei manchmal weniger angenehmen -20°C. Während sich die menschliche Kälte im ausgehenden 19. Jahrhundert wie ein roter Faden durch den Film zieht, war die Stimmung bei den Dreharbeiten warm und herzlich.

Der Hof liegt auf 1.800 Metern im Ort *Unser Frau im Schnalstal*. Oberhalb des Hofes, an der Schieferwand, befindet sich der kleine Klettergarten Marchegg. Der Hof selbst ist seit über 200 Jahren in Familienbesitz. Gegenwärtig werden hier Tiroler Bergschafe, Schweine, Ziegen, Kühe und Geflügel versorgt. Gegen Bezahlung auch Gäste. Hier kann man inmitten der Filmkulisse Urlaub auf dem Bauernhof machen – oder dem nahegelegenen Gletscher einen Besuch abstatten, wo unlängst sogar der bekannte Schauspieler Jake Gyllenhaal für ein Everest-Filmdrama vor der Kamera stand. Wer will, kann im Marchegghof auch übernachten und in originalen Zirmholzzimmern schlafen. Für die hervorragende Verköstigung sorgen die Hofbewirtschafter.

Tobias Moretti schwört bis heute auf die guten Spaghetti alla Carbonara und die Grappa danach, die ihm die Bäuerin am Marchegghof während des kalten Winterdrehs im Schnalstal servierte. Es ist die beste Vorspeise für einen guten Schnitzel-Western danach.

Der familienfreundliche Klettergarten Marchegg liegt nur fünf Gehminuten von der Hofschänke.

8

Der Bunker-Rohbau aus den 1940er-Jahren beherbergt ein Museum mit Besonderheiten aus Natur und Geschichte dieser Gegend

Bunker Mooseum
Dorf 29a
I-39013 Moos in Passeier
+39 (0)473 648529
www.museum.hinterpasseier.it

MUSEALE TAL- UND BERGSTATIONEN

Bunker Mooseum

In Moos in Passeier wurde das Museum sinnigerweise *Mooseum* getauft. Es befindet sich in einem alten Militärbunker, bunkert die Geschichte dieses hochalpinen Landstrichs und stellt die anschaulichsten Exponate des Tals zur Schau. Wie entstand diese urige Landschaft des Passeiertals? Wer waren die ersten Siedler? Ab wann gab es erste Höfe, Siedlungen, soziale Gemeinschaften, Kirchen, Straßen, Industriegebiete? Antworten auf diese Fragen finden sich in den anschaulich konzipierten Bunkerräumen im Mooseum. Am Ende des Parcours gelangt der Besucher ins Freie und über einen Steig zurück an den Eingang – vorbei an einer Gruppe Steinböcke, die aus nächster Nähe beobachtet werden kann.

Von hier aus befindet sich in direktem Blickfeld der sogenannte *Granat* – Hinweis auf ein weiteres Museumskonzept, in das die Gemeinde Moos viel Zeit und Geld investiert hat. Die kantige, übermenschlich große Skulptur hoch über dem Dorf ist Aussichtsplattform und Schauraum zugleich. Hier beginnt die Passstraße auf das Timmelsjoch und ein »erfahrbarer« Museumsparcours, der vom Leben und Überleben in den Bergen erzählt – in einer Landschaft umgeben von Grenzen und Grenzgängern. Die weiteren architektonisch verspielten Skulpturen finden sich einige Kurven und Fahrkilometer weiter. Dem scharfsinnigen Architekten Werner Tscholl sind entlang der Passstraße viele kleine architektonische Meilensteine geglückt – die einzeln und zusammen sehr ausdrucksstark in der Landschaft stehen und Wald-, Schnee-, und Landesgrenzen sprengen.

Ob Dorfmuseum in einem Bunker mit Kletterwand oder ein Abstecher auf das Timmelsjoch, bei dem die Landschaft im wahrsten Sinne des Wortes »erfahren« werden kann. Wer sich einen Tag Zeit nimmt, ein wenig Natur mit ein wenig Kultur verbinden möchte, schafft mühelos beide Höhepunkte.

Ungeduldige können auf der Internetseite des *Mooseums* eine virtuelle 360°-Wanderung durch den Bunker unternehmen.

4

Alte Apfelsorten im **Waldorf-Bio-Bistro am Wiesl**
Frowin Oberrauch
Kaiserau 49A
I-39100 Bozen

Informationen:
Verein Südtiroler Sortengarten
www.sortengarten-suedtirol.it

EINE ALTE SÜDTIROLER APFELSORTE

Der Calville-Apfel im *Walddorf-Bio-Bistro am Wiesl*

»[…] ich brauche nur das Wort Meran zu lesen, ja manchmal genügt schon ein großes M, und ich sehe zwei Calville-Apfel vor mir, zwei große gelbe Calville-Äpfel mit diesen schönen scharfen Einkerbungen«, schrieb Otto Julius Bierbaum vor über 100 Jahren in seiner leicht erotischen Erzählung *Zwei Äpfel.*

Der ungekrönte König unter den »antiken« heimischen Sorten ist zweifellos der Weiße Wintercalville – in Kurzform auch als Calville bezeichnet. Der geschmacksintensive, saftige Apfel zählte im 19. Jahrhundert zu den edelsten und beliebtesten Tafeläpfeln und wurde einst von Südtirol aus bis nach St. Petersburg an den Zarenhof geliefert.

Der Landschaftsarchitekt und Bauer Frowin Oberrauch hat sich dieser, aber auch vieler anderer alter Apfelsorten angenommen und führt seit wenigen Jahren mit Gleichgesinnten den Verein Südtiroler Sortengarten. Gemeinsam fördern sie Alt- und Lokalsorten, etwa den *Toffeter*, den *Spitzlederer* oder den *Kalterer Böhmer*. Bereits in den 1960er/70er-Jahren begannen sich viele Südtiroler Obstbauern an einer modernen Sortenpalette zu orientieren, die gezielt auf die Nachfrage der Konsumenten abgestimmt war. Damit hatten Äpfel wie der süßsäuerliche Calville auf dem Markt keine Chancen mehr.

Doch gerade die alten Apfelsorten erleben seit wenigen Jahren eine Renaissance und Sorten wie der *Weiße Rosmarin*, der *Edelrote*, der *Köstliche* oder der *Maschanzger* machen die Apfelwelt wieder ein Stück weit bunter. Stolz ist Oberrauch vor allem auf die Sorte *Schöner aus Bath,* die aufgrund ihrer frühen Reife einst eine gängige Marktsorte war. Heute wird sie noch in seinem privaten Garten angebaut, am Stadtrand von Bozen. Sein *Bio-Bistro am Wiesl* liegt an der Fahrradwegkreuzung Kaiserau/Sigmundskron. Vorbeischauen lohnt sich.

Da der Apfel den gleichen pH-Wert wie die menschliche Haut hat, eignen sich auch auf Apfelbasis hergestellte Produkte wie Apfelcreme, Apfelbalsam oder Apfelmilch besonders gut für kosmetische Anwendungen.

DIE (FAST) VERGESSENE SORTE?

Apfelsorte Meran

»Der Apfel wurde im Burggrafenamt als Zufallssämling entdeckt«, erklärt Walter Guerra vom Versuchszentrum Laimburg. Das land- und forstwirtschaftliche Versuchszentrum im Südtiroler Unterland zählt zu den führenden landwirtschaftlichen Forschungseinrichtungen im gesamten deutschsprachigen Raum. Für den Apfelanbau sind neben den Tätigkeiten in den Bereichen Sortenprüfung und Sortenzüchtung natürlich auch die Bereiche Boden und Bewässerung, Pflanzenschutz, Lagerungstechniken und der ökologische Anbau von großer Bedeutung. Hier hat man mittlerweile auch eine Sortengenbank mit altem Samenmaterial angelegt, in der über 120 verschiedene Äpfel aufgelistet sind – aber auch neue Sorten, wie den sogenannten Apfel Meran, der auch gern als Meraner bezeichnet wird.

Bei dieser wenig verbreiteten neuen Sorte handelt es sich um einen charakteristischen Winterapfel, der sich durch eine glatte Schale auszeichnet. Er zählt zu den wenigen heimischen Sorten Südtirols und wird Ende September, Anfang Oktober gepflückt. Der Apfel eignet sich hervorragend für die Weiterverarbeitung zu Kompott oder Mus. Das Apfelmus hat in Südtirol eine lange Tradition, auch wenn es auf gängigen Speisekarten kaum mehr zu finden ist. Umso einfacher wird es zubereitet. Man schneidet dabei lediglich ein paar Äpfel in kleine Stücke und gart sie einige Minuten im Dampfkochtopf, bis die Stücke langsam zerbröseln. Hinzugegeben wird etwas Zucker, Honig, Zimt oder Nelkenpulver – und fertig ist das Apfelmus!

Im Unterschied zu diesem köstlichen Apfelgericht ist die Verbreitung des Apfels Meran derzeit lediglich auf Südtirol beschränkt. Wer Interesse an dieser lokalen Sorte hat, muss also wohl oder übel in die Gegend um Meran fahren. Apfelkenner sind sich einig: Die Sorte Meran wird die Apfelwirtschaft nicht auf den Kopf stellen. Aber für ein gutes Meraner Mus ist sie ein Muss.

In Südtirol finden sogar Apfelabfälle eine Neunutzung. Seit einigen Jahren wird nach einem besonderen Verfahren Ökopapier aus Apfelresten gefertigt.

5

Gilfpromenade
Startpunkt: Zenoberg Straße/Steinerner Steg
I-39012 Meran

Kurverwaltung Meran
Freiheitsstraße 45
I-39012 Meran
+39 (0)473 272000
www.merano-suedtirol.it

Meteo Restaurant
Winterpromenade 51
I-39012 Meran
+39 (0)473 055001

GILF UND NICHT GOLF!

Gilfpromenade

»Ich sah blaß den Rauch aufsteigen und dachte an die Meraner Golfpromenade, wo ich vor zwei Monaten gesessen und in den sprühenden Wasserfall hinabgesehen hatte.« So lautet eine leider fehlerhafte Textpassage aus der Erzählung *Phantastische Nacht*, die Stefan Zweig (1881–1942) verfasste. Über Jahrzehnte hinweg wurde mit dieser Erzählung der Fehler eines Lektors weitergetragen, denn in Meran gibt es keine Golfpromenade, an die sich Stefan Zweig hätte erinnern können.

Vielmehr gibt es in Meran bis heute eine Gilfpromenade. 1880 wurde sie erbaut, auf den Namen Gilf getauft, nach der Gilfklamm in der Passerschlucht. Zweig muss sich hier wohl gerne aufgehalten haben, wenn er in der Kurstadt Meran war. Seine Erzählung *Phantastische Nacht* wurde im Juni 1922 in der Zeitung *Die Neue Rundschau* erstmals abgedruckt – eindeutig mit der richtigen Bezeichnung: Gilfpromenade!

Auch Berufskollege Franz Kafka (1883–1924) kam in den 1920er-Jahren in die Kurstadt, flanierte womöglich ebenfalls an der Gilfpromenade oder zog durch das urige Steinach-Viertel Merans, dort, wo das mittelalterliche Meran einst zur Hauptstadt Tirols heranwuchs. Das über die Jahre in Vergessenheit geratene Stadtviertel ist heute Raum für Künstler und Kreative. Ob Kleinkunst und Jazz im *Schloss Kallmünz oder* alternative Musik und Tango im legendären *Ost-West-Club*. Der Meraner Stadtteil Steinach ist in und gleichzeitig ein Stück Alt-Meran, ohne Palmen und ohne Kitsch. Hier finden sich lieblich verwinkelte Gassen und der sogenannte *Steinerne Steg*, die älteste Brücke Merans.

Stefan Zweig liebte die Stadt und »diese Meraner Welt«! Sie lehrte ihn, die notwendige innere Zwiespältigkeit des Lebens »durch Harmonie zu lösen«.

Im Restaurant *Meteo*, am Eingang zur Gilfpromenade gibt es extravagante Küche. Und immer wieder spannende Veranstaltungen mit Seltenheitscharakter.

6

Bad Mitterbad
Der Beschilderung von I-39010 St. Pankraz Richtung Süden folgen

Tourismusgenossenschaft Ultental/Proveis
St. Walburg 104
I-39016 Ulten
+39 (0)473 795387
www.merano-suedtirol.it

MIT MANN UND BISMARCK AUF WELLNESSKUR

Bad Mitterbad im Ultental

Neben zahlreichen prominenten Persönlichkeiten der Geschichte weilte sogar der große Thomas Mann (1875–1955) in der Mitterbader Kuranstalt und wusste die einsame Lage im Ultental inmitten dieser prächtigen Berglandschaft zu schätzen. Hier erholte sich der Schriftsteller mit seinem Bruder Heinrich im Juli 1901. Brachte er noch letzte Feinheiten am Gesellschaftsroman *Buddenbrooks: Verfall einer Familie* an, der wenig später erscheinen sollte? Nichts Genaues weiß man nicht. »Verfall einer Kuranstalt« könnte hingegen der Titel eines Romans sein, der die historischen Gemäuer in Mitterbad beschreibt. Seit vielen Jahren nagt der Zahn der Zeit ohne Gnade an dieser riesigen Wellness-Anlage, die Anfang der 1970er-Jahre geschlossen wurde.

Seit vielen Jahrhunderten ist das Ultental für ein besonders gutes Wasser bekannt. Überall im Tal entstanden sogenannte »Badl«, also kleine, ländliche Kurorte, in denen Gäste wie Einheimische bei heilendem Wasser und reiner Höhenluft Erholung finden konnten. Neben den weiteren Bädern *Bad Überwasser, Bad Lahn, Bad Kuppelwies* und dem *Stoflahner Badl* gab es im Ultental auch ein sogenanntes *Lotterbad* in dem auch weniger Betuchte an gutes Kurwasser gelangten.

Das Mitterbad-Wasser wurde als Trinkkur und für Bäder gegen Krankheiten wie Blutarmut, Nervenerkrankungen, Hautkrankheiten und Verdauungsstörungen sowie »Frauenleiden« eingesetzt. An einer besonderen Frau litt Otto von Bismarck in Bad Mitterbad – er hat nämlich hier um die Hand der Wirtstochter Josepha Holzner angehalten. Hätte er keine Absage bekommen, wäre er vielleicht als Bademeister in Mitterbad geblieben.

Bei einer Wanderung zur verlassenen Wellness-Ruine Mitterbad dem Hauch der Geschichte nachspüren, der diesen Ort umweht.

Brot statt Bad. Heute ist das Ultental weniger wegen seiner Bäder, vielmehr wegen des bekannten Ultner Brotes bekannt. Zugreifen und Zubeißen!

7

Sarner Toppar! Im Latschenladen gibt es unter anderem eine große Auswahl an Sarner Hausschuhen. Sie halten die Füße besonders warm.

Latschenladen
Unterreinswald 17
I-39058 Sarntal
+39 (0)471 625138
www.eschgfeller.eu
www.alpen-wellness.bz

PATSCHEN UND LATSCHEN

Latschenladen

»Verachte nicht mich und das Meine, betrachte zuvor dich und das Deine«, lautet ein uriger Spruch, den ich einmal im Sarntal auf einer bestickten Tuchware entdeckte und dem Gelesenen ohne Zögern mit einer bejahenden Kopfbewegung zustimmte. Der Spruch ist keine Bauernregel, sondern eine Lebensweisheit. In der flächenmäßig größten und fraktionsreichsten Gemeinde des Landes ticken die Uhren nicht immer wie im nahegelegenen Bozen.

Da es im Sarntal sehr kalt sein kann, sind die Bewohner wahrscheinlich auch Pioniere für ihre weit über das Tal hinaus bekannten Jacken und Hausschuhe. Die Einheimischen schwören auf die warmen »Sarner Patschen«, wie die schönsprechenden Bozner zu den heißbegehrten Filzpantoffeln sagen. Die Talbewohner nennen sie hingegen »Toppar« und fertigen sie seit eh und je aus alten Mänteln. Wem mit der Sarner Fußbekleidung und Jacke immer noch nicht warm an Füßen und rund ums Herz wird, dem empfiehlt sich ein unvergesslicher Saunagang in Südtirols bekanntester Latschenkiefersauna, in der sogenannten »Reischnhitt«, dem Haus der Latsche in Unterreinswald. Hier haben die Sarner ihre Latschenkiefer wiederentdeckt und vermarkten den einst als Bergsegen bezeichneten Zweig nach bestem Wissen und Gewissen. Ein Abstecher in die Sauna oder in den Latschenladen ist ein Segen für alle, die am eukalyptusartigen Geruch ihre Freude haben.

Wer hingegen sehen möchte, wie die Sarner früher lebten, dem empfiehlt sich ein Abstecher ins schöne Talmuseum im Rohrerhaus in Sarnthein, der größten Siedlung im Tal. Hier kann man spüren, wie sich die Menschen einst einrichteten – an was sie glaubten und woran sie arbeiteten.

Das Sarner Latschenkiefernöl ist ein uraltes Heilmittel. Es hilft bei Verspannung und vor allem bei Muskelkater!

8

Im Gasthaus Pitzock kommen Menschen und Brillenschafe zusammen

Pitzock
Pizack 30
I-39040 Villnöß
+39 (0)472 840127
www.pitzock.com

Villnöß Tourismusgenossenschaft
Peterweg 10
I-39040 Villnöß
+39 (0)472 840180
www.villnoess.com

WILLE MIT BRILLE

Brillenschafe im Villnößtal

Wer kennt das nicht: verräterische Augenringe nach einer schlaflosen oder durchzechten Nacht! In Südtirol gibt es tatsächlich Tiere, die markante Augenringe als Markenzeichen mit sich herumtragen. Und wegen dieser besonderen Tiere geht es im Villnößtal weniger um Schlaflosigkeit, sondern eher um Schaflosigkeit, der die Leute im Tal ein Ende setzten, als sie ihre ureigene Schafrasse wiederentdeckten: ihr Villnösser Brillenschaf.

Das Tal steht gemeinhin für den Geburtsort Reinhold Messners und den überwältigenden Blick auf die zackige Berggruppe der Geisler. Die Berge und Messner haben das Tal bislang bekannt gemacht. Nun hat sich ein drittes Aushängeschild zu den beiden dazugesellt, und zwar in Form eines Schafes. Die spezielle Schafrasse mit der »schwarzen Brille«, der schwarzen Markierung an den Ohren und der speziellen Nase hat sich über Jahrhunderte den wilden Gegebenheiten des Dolomitengebirges angepasst. Zwar waren den Nazis die »nicht reinrassigen« Schafe ein Dorn im Auge, hier in den Dolomitentälern überlebten aber einige der verachteten Brillenschafe. Bis in die 1990er-Jahre verschwanden dennoch immer mehr Brillenschafe aus dem Villnößtal, da die Haltung für die Bauern nicht mehr rentabel war. Mittlerweile haben vor allem junge Bauern und Kleintierzüchter das Brillenschaf wiederentdeckt.

Unter dem Namen *Furchetta* – so nennt sich ein Berg der Geislergruppe – vermarkten die Villnößer ihr Schafsgut, als Wollmützen und Schals für die Bekleidungsindustrie oder zubereitet als vorzügliches Lammfleisch für Nicht-Vegetarier. Im Unterschied zu den benachbarten Tälern findet man im Villnößtal seit jeher keinen Skitourismus. Hier setzt man seit Jahren auf sanften Tourismus, auf eine nachhaltige Landwirtschaft und seit Kurzem auf das Brillenschaf. Der Wiederentdeckung des Schafes kann man im Gasthaus Pitzock hautnah beiwohnen.

Im Dorfzentrum von St. Peter stand einst das Geburtshaus Reinhold Messners. Lediglich ein kleiner Hühnerstall erinnert noch an das alte Heimathaus des bekannten Bergsteigers.

9

Luis Trenkers Büste wartet auf Besucher, die in seinem Museum unter anderem die legendäre Sonnenmaske aus dem Film »Der verlorene Sohn« besichtigen können

Museum Gherdëina
Reziastraße 83
I-39046 St. Ulrich
+39 (0)471 797554
www.museumgherdeina.it

VERLORENE SÖHNE

Museum Gherdëina im Grödental

In Gröden gibt es seit jeher eine Vielzahl an Künstlern. Das mag wohl daran liegen, dass es hier im Hauptort St. Ulrich seit einigen Jahrzehnten eine Kunstschule gibt, aber auch daran, dass sich in diesem Tal die Tradition des Holzschnitzens wirksam etablieren konnte. Im Grödental ist die ladinische Sprachminderheit in der Mehrheit. In St. Ulrich etwa liegt der Anteil an Ladinern bei knapp 85 Prozent und deshalb heißt der Grödner Hauptort auch nicht St. Ulrich, sondern Urtijëi.

Wer heute ins Grödental fährt, wird beeindruckt sein von der Bergwelt, aber auch wie Tourismuseinrichtungen und kitschige Hotelarchitektur es geschafft haben, in weniger als einem halben Jahrhundert weite Teile des Tales beinahe bis zur Unkenntlichkeit zu verändern. Und dies gerade in einem Tal, in dem der Anteil an Künstlern so hoch ist. Es mag vielleicht daran liegen, dass viele von ihnen – wie etwa der bekannte Markus Vallazza – nach der Grundausbildung das Tal verlassen haben, um ihren Weg an den Kunstakademien der Großstädte fortzusetzen.

Auch dem Musikkünstler und Komponisten Giorgio Moroder ist es so ergangen. Aufgewachsen in einer ladinischen Familie in Gröden, spezialisierte er sich als einer der wenigen nicht aufs Holzschnitzen, sondern auf Musik. Er zog von Gröden aus durch halb Europa. Mittlerweile lebt der Mann, der Hits am laufenden Band schrieb, in den Vereinigten Staaten. Ab und zu stattet Moroder seinem Heimatort einen Besuch ab – ganz ohne Wehmut und Heimatgefühle. In dieser Hinsicht ist er gänzlich das Gegenteil von seinem entfernten Verwandten, dem Schauspieler, Bergsteiger und Regisseur Luis Trenker. Dieser hatte im Kinoklassiker *Der verlorene Sohn* die Geschichte von einem jungen Mann erzählt, der sein Glück in Amerika versucht, aber enttäuscht zurückkehrt. Glücklicherweise hat sich Giorgio Moroder nicht ans Drehbuch seines Onkels gehalten.

Neben Holzschnitzereien an jeder Ecke findet sich im Nachbarort Pontives die *Galleria Ghetta* mit einer großen Auswahl an zeitgenössischer Kunst.

10

Kloster Säben
Säbener Berg
I-39043 Klausen

Tourist-Information Klausen
Marktplatz 1
I-39043 Klausen
+39 (0)472 847424
www.klausen.it

DIE STADT DER KÜNSTLER UND NONNEN?

Kloster Säben

Historiker und Bauexperten meinen, Klausen sei das Urbild der mittelalterlichen Tiroler Kleinstadt geblieben – und das bei allem zeitbedingten Wandel. Wenn man an die für Klausen charakteristischen Häuserreihen denkt, stimmt diese Behauptung durchaus und die alte Bausubstanz ist bis heute auch das große Glück dieser kleinen Stadt im Eisacktal.

Nemesis – das große Glück nannte der große Albrecht Dürer (1471–1528) einen seiner Kupferstiche, in welchem die Stadtansicht Klausens – allerdings spiegelverkehrt! – zu sehen ist. Dürer war auf seiner Italienreise 1494 vorbeigekommen. Neben ihm zog es auch viele andere Künstler nach Klausen. Die Liste an bekannten Kunstschaffenden, die später, ab der Mitte des 19. Jahrhunderts hierher pilgerten, ist lang und männlich.

Deshalb sollen an dieser Stelle einige kunstsinnige Frauen erwähnt werden, die Klausen einen Besuch abstatteten, etwa die vor wenigen Jahren wiederentdeckte und hochgelobte Dadaistin und Collagekünstlerin Hannah Höch. Sie reiste im Oktober 1920 mit ihrer Schwester Grete und der Schriftstellerin Regina Ullmann aus München an. Belegt ist ein Besuch bei den Benediktinerinnen im Kloster Säben, das wegen seiner Lage auch gerne als Akropolis Tirols bezeichnet wird. Hannah Höch hatte wenige Monate vorher, im Juni 1920, noch als einzige Frau bei der Ersten Internationalen Dada-Messe in Berlin ausgestellt. Gegenwärtig wird die Künstlerin von einem großen Museum zum nächsten gereicht und als bedeutend, wenn auch spät entdeckt verehrt.

Stolz ist man in Klausen aber vor allem auf die spanische Königin Maria Anna und ihre Stiftung des berühmten Loretoschatzes, einer bedeutenden Sammlung von Kunstwerken aus dem 16. und 17. Jahrhundert, die im Stadtmuseum Klausen – dem einstigen Kapuzinerkloster – aufbewahrt wird.

Der 1986 nach einem Jahrhundertraub entwendete Loretoschatz der Stadt Klausen ist seit 2014 wieder komplett und kann im Stadtmuseum besichtigt werden.

11

Einer der Eingänge zum Herrengarten der Brixner Hofburg. Im Unterschied zu einst sind heute auch Damen willkommen. Eintritt frei!

Herrengarten
Hofburgplatz 2
I-39042 Brixen
+39 (0)472 830505
www.hofburg.it

BISCHÖFLICHE VALENTINSGRÜSSE

Herrengarten

Der 14. Februar ist der Tag des heiligen Valentin. Alljährlich wird er als Tag der Liebenden zelebriert – auch in Brixen. Wie die katholische Kirche heute in der katholischsten Stadt Tirols zum Tag der Verliebten steht, sei dahingestellt, feststeht, dass dieser Feiertag für Liebende einst auch ein arbeitsfreier Tag war. Dem einst in Brixen wirkenden Geistlichen Nikolaus Cusanus ist es allerdings zu verdanken, dass er Mitte des 15. Jahrhunderts den Feiertag des heiligen Valentin abschaffte. Er war nämlich der Meinung, die Männer sollten an dem arbeitsfreien Tag besser der Arbeit nachgehen, um nicht mehr, wie an Feiertagen üblich, ihr Hab und Gut bei Wein und beim Würfel- oder Kartenspiel auszugeben.

Brixen ist seit jeher die Stadt in den Alpen, in welcher der Glaube an Gott – mit einer Prise Scheinheiligkeit – an oberster Stelle steht. Das beobachtete auch Heinrich Heine, als er im August 1828 in Brixen vorbeikam und mit leichter Boshaftigkeit vermerkte: »Dämmernde Stille, melancholisches Glockengebimmel, die Schafe trippelten nach ihren Ställen, die Menschen nach den Kirchen […].« Wer heute durch die alte Bischofsstadt schlendert, den Dom und alle anderen Kirchen von außen und innen besichtigt, sollte einen Stadtrundgang am besten an der Brixner Hofburg beenden. Einst Sitz der Fürstbischöfe, bis 1973 der Bischöfe der Diözese Brixen, ist hier inzwischen das Diözesanmuseum untergebracht.

An der Nordseite aber haben sich die Geistlichen um 1576 etwas Besonderes einfallen lassen und den sogenannten Herrengarten anlegt, in dem man – egal zu welchem Geschlecht man sich zugehörig fühlt – gerne länger verweilen möchte. Hier ist, inmitten von Blumen und Kräutern an der Seite der oder des Liebsten, jeder Tag Valentinstag – auch wenn er auf einen Werktag fällt.

Unweit des Herrengartens wartet der eindrucksvolle Neubau der neuen Stadtbibliothek. Sie wurde erst vor kurzem für die Öffentlichkeit zugänglich gemacht – ein Abstecher lohnt sich.

12

Stadtplatz
I-39049 Sterzing

Tourist-Information Sterzing
Stadtplatz 3
I-39049 Sterzing
+39 (0)472 765325
www.sterzing.com

WIPPTALER PLATZHIRSCHE

Stadtplatz

»Seid nicht traurig, macht weiter, was gut war«, lautete der letzte Satz des 1995 in Florenz verstorbenen grünen Europaparlamentariers Alexander Langer. Der Politiker wuchs in Sterzing auf, in bürgerlichen Verhältnissen als ältester von drei Söhnen des Wiener Arztes Artur Langer und der Sterzinger Apothekerin Elisabeth Kofler. Sogar ein EU-Sitzungsaal im Straßburger Parlament wurde nach dem weitsichtigen und kämpferischen Südtiroler Politiker aus Sterzing benannt – einer Stadt, die seit jeher wegen der geografisch günstigen Lage im Wipptal eine besondere Rolle im Bergbau innehatte. Die Stadt ist bis heute Handels- und Marktplatz, sowie Tagungsort wichtiger Versammlungen.

Die Stadt, in der Langer heranwuchs, ist auch die Stadt eines anderen Kämpfers: nämlich des Bauernführers Michael Gaismair (1490–1532). Gaismair wie Langer setzten sich für ein besseres Gemeinschaftsleben ein, feierten Erfolge, scheiterten allerdings am Ende an sich oder an unbezwingbaren Gegnern. Beide haben als historische Sterzinger im Gedächtnis der Stadt ihren festen Platz.

Kein richtiger Platz ist hingegen Sterzings Stadtplatz. Er hat sich zufällig aus den Bedürfnissen der Einwohner ergeben und liegt gleich neben dem Zwölferturm, dem Symbol der Stadt. Böse Zungen behaupten, der Sterzinger Stadtplatz zähle zu den lieblosest gestalteten Plätzen im Land – kaum Sitzbänke, kaum Bäume, keine Blumenbeete! Und doch muss man gerade diesen Ort liebgewinnen – vor allem dann, wenn hier die Verkaufsstände des Bauernmarkts stehen und frisches Obst und Gemüse aus den Holzkisten schaut. Oder im Advent, wenn hier natürlich der alljährliche Weihnachtsmarkt stattfindet.

Es gibt dann aber auch jene Tage im Jahr, an denen der Stadtplatz einfach schön leer ist.

Wer mehr über Sterzings Sehenswürdigkeiten erfahren möchte, findet in den Räumlichkeiten des Tourismusvereins am Stadtplatz allerhand Wissenswertes.

13

Biotop Sanderau
Startpunkt Wanderung:
St. Jakob
I-39049 Wiesen/Pfitsch

Tourist-Information Sterzing
Stadtplatz 3
I-39049 Sterzing
+39 (0)472 765325
www.sterzing.com

Kyselak war da?

Biotop Sanderau im Pfitschertal

Ob sich schon jemand die Mühe gemacht hat, das Pfitschertal abzugehen, um nach einem Felsen zu suchen, auf dem der Name »Kyselak« gemeißelt ist? Jedenfalls ist die alte Geschichte des jungen Wieners Joseph Kyselak aus dem Jahr 1825 bis heute hochaktuell: Gilt der schrullige österreichische Beamte doch als erster *Tagger,* wie die Jugendsprache jene Graffitisprayer nennt, die im immer gleichen Stil ihren Namen taggen, also an die Wände schreiben, und damit ihr Revier markieren.

In vier Monaten durchwanderte Kyselak weite Teile Österreichs und Bayerns, wobei ihn nur sein Hund Duna und eine unbändige Sehnsucht nach Natur begleiteten. Er kam sogar bis nach Slowenien und machte auch einen Abstecher nach Südtirol. In seinem wenig später veröffentlichten Tagebuch beschrieb er eine Reihe von Lieblingsplätzen und Abenteuern. Seinen Namen malte er hingegen in großen Buchstaben auf Ruinen, alte Mauern und Felsen. Im hintersten Pfitschertal beginnen Kyselaks Aufzeichnungen zu Südtirol. Er beschreibt etwa, dass er hier nun ins Land der mutigsten Mädchen und Frauen kommt, da er wusste, dass die Frauen hier, als ihre Männer im Krieg waren, sich selbst zu verteidigen wussten. Wenn eigenartige Fremde oder Räuber ins Tal kamen, ließen sie mitunter sogar Steinregen niedergehen.

Musste sich der Wiener Schreiberling deswegen beeilen? Gemäß seinen Aufzeichnungen ist er im Eilschritt nach Sterzing gewandert. Den Pfitscher Bach entlanggehend ist ihm vielleicht die mittlerweile äußerst seltene Pflanzenart *Myricaria germanica* – Deutsche Tamariske genannt – aufgefallen, die als einzige Tamariskenart der Zentralalpen nur in der Nähe von rasch fließendem, sauerstoffreichem Wasser und auf feinsandigen und kiesigen Flussbänken gedeiht. Mit 4,5 Hektar liegt der größte Bestand in Südtirol in der Sanderau bei St. Jakob in Pfitsch. Auch Kyselak tappte auf den Kieselsteinen am Bach entlang!

Von der Sanderau ist die älteste private Schutzhütte Südtirols am Pfitscherjoch nicht mehr weit. Die Hütte und der See daneben sind ein beliebtes Ziel für Mountainbiker.

14

Ob Südtiroler Literatur, internationale Zeitschriften oder E-Books. Die Stadtbibliothek ist Südtirols schönste Begegnungsstätte für Leseratten und Bücherwürmer.

Stadtbibliothek Bruneck
Enrico-Fermi-Straße 6
I-39031 Bruneck
+39 (0)474 545400
www.biblio.bz.it/bruneck

RUHE, BITTE!

Stadtbibliothek

Norbert Conrad Kaser nennt sich Südtirols wohl famosester Dichter. Als Jahrgang 1947 hielt der Brunecker gut zwei Jahrzehnte später eine rebellische Kampfrede zur Südtiroler Literatur. »99 Prozent der Südtiroler Literaten« sagte er, wären »am besten nie geboren« und könnten »noch heute ins heimatliche Gras beißen«. Mit großem Geschrei wurde der junge Autor daraufhin von Medien und Landsleuten beschimpft – auch in seiner Heimatstadt. Kaser starb bereits 1978, zu früh und an zu viel Alkohol. Seine Figur ist Pate für die neue Stadt- und Universitätsbibliothek LibriKA – den schönsten (?) Buchspeicher Südtirols.

In der LibriKA können auf mehreren Etagen Bücher und Zeitschriften aus aller Welt konsumiert werden – natürlich auch die Bücher Kasers oder anderer Südtiroler Autoren, wie jene des erfolgreichen Berufskollegen Joseph Zoderer, der in Bruneck seine Bleibe gefunden hat.

Weggezogen aus dieser Stadt hat es einen anderen Brunecker. Deshalb konnte er auch die Welt ein klein wenig verändern, indem er sie einfach mit guten Kinofilmen verbesserte. Der bekannte Filmverleiher und Produzent Karl »Baumi« Baumgartner verbrachte seine Jugend in dieser Stadt und war wie Kaser ein Brückenbauer zwischen den verschiedenen Kulturen Südtirols. Während Kaser sich selbst in Südtirol einsperrte, brach Baumgartner in den 1970ern aus, ging zunächst nach Rom und dann nach Frankfurt. Immer wieder kam er nach Reisen um den ganzen Erdball zurück nach Bruneck, auf Besuch in das Hotel Blitzburg, den Gastbetrieb seiner Familie, wenige Gehminuten von der Stadtbibliothek gelegen. Baumgartner entdeckte und förderte viele Filmtalente, etwa Jim Jarmusch, Emir Kusturica oder Aki Kaurismäki, allesamt Regisseure, die heute Kultstatus besitzen. Viele der Filme der Arthouse-Ikone sind keine reinen Unterhaltungsfilme – es sind Kunstwerke, in denen kleine Geschichten in die große Welt hinausziehen. Wie »Baumi«.

Es ist ratsam, auf leisen Sohlen durch die Stadtbibliothek zu schleichen, damit der Bücherspeicher auch weiterhin ein Ruhepol der lebhaften Stadt bleibt.

15

Antholzer See
Obertaler Straße
I-39030 Rasen-Antholz

Tourismusverein Antholzertal
Niederrasen 35F
I-39030 Rasen-Antholz
+39 (0)474 496269
www.antholz.com

WATTEN, COTECIO ODER BIATHLON?

Antholz und sein See

Immer wieder verbrachte der bekannte italienische Schriftsteller Claudio Magris aus Triest winterliche Urlaubstage in Antholz. Magris ist einer der wenigen Autoren, die den europäischen Gedanken im Herzen tragen, über Europa im Großen und Kleinen schreiben und dafür Ehrungen und Preise am Fließband erhalten – so auch den Friedenspreis des deutschen Buchhandels.

»Antholz« nennt sich ein Kapitel seines bekannten Buchs *Microcosmi.* Dem feinen Beobachter gelingt es darin, mit einer Prise Fiktion eine eindringliche Erzählung über Südtirol zu schreiben, die einerseits ein Stück unentdecktes Europa freilegt, andererseits altbewährte Traditionen und Vorkommnisse in einem Tal festhalten – und in Frage stellen.

Magris bezieht sich in seinem Text auf das Cotecio-Kartenspiel aus seiner Triester Gegend, wo – so komisch das auch klingt – derjenige verliert, der eigentlich gewinnen müsste. Es ist bei diesem Kartenspiel, schreibt Magris, wie im Leben auch – es täuscht umso mehr, je mehr man hat. Beim Watten, dem traditionellen Südtiroler Kartenspiel, gewinnt hingegen jener, der das größte Kartenglück hat und etwas Erfahrung mitbringt. Wer gern und gut wattet, hat den traditionsreichen Südtiroler ohnehin auf seiner Seite. In Antholz und anderswo werden mehrmals im Jahr von langer Hand vorbereitete Preis-Watten abgehalten. Die Sieger erhalten meist einen Geschenkkorb mit lokalen Spezialitäten.

Antholz ist aber auch ein Tal, das sich seit einigen Jahren im Biathlon einen großen Namen gemacht hat. Hier fanden und finden wichtige internationale Wettkämpfe statt und mittlerweile führte der Weg einiger junger Biathleten und Biathletinnen sogar vom Tal direkt aufs Podest. Sie haben erkannt, dass es neben dem traditionellen Kartenspiel – Watten hier, Cotecio dort – noch andere Spiele gibt. Und die sind sogar olympisch.

Neben dem See befindet sich das europaweit bekannte Biathlon-Stadion von Antholz, wo schon mehrmals Biathlonweltmeisterschaften ausgetragen wurden.

16

Von **St. Magdalena** aus gelangt man auf Schmugglerwegen in die Nachbartäler Österreichs
Startpunkt Wanderungen:
Parkplatz am
Pater-Steinmair-Weg 1
I-39030 Gsiesertal-
St. Magdalena

Tourismusgenossenschaft Gsieser Tal–Welsberg–Taisten
St. Martin 10a
I-39030 Gsiesertal
+39 (0)474 978436
www.welsberg.com

NICHTS FÜR SPASSVÖGEL!

St. Magdalena

»Warum bauen die Gsieser einen Stacheldraht um ihre Badewanne? Damit sie nicht zu weit hinausschwimmen!« So lautet einer der vielen Witze über die Bewohner des Gsiesertals, des größten Seitentals des Hochpustertals. Die Gsieser sind mit ihrer Eigenart – wie die benachbarten Bewohner im Osttiroler Villgratental oder die Ostfriesen in Norddeutschland – seit jeher Ziel liebevoll gemeinter Scherze. Dessen ungeachtet haben es Südtirols Schildbürger allerdings faustdick hinter den Ohren.

Die Talform des Gsiesertals entspricht tatsächlich einer großen Badewanne, diese aber lädt weniger zum Schwimmen, vielmehr zum Skilanglauf im Winter und zum Wandern im Sommer ein. Seit einigen Jahren werden im Tal alte Schmugglersteige mit Schildern und Schautafeln versehen, um entlang der Wege über Tradition und Brauchtum, Talbewirtschaftung einst und heute und das Schmuggler-Unwesen zu informieren. Der bekannteste Schmugglersteig des Tales, der bis heute auch diesen Namen trägt, führt vom Dorf St. Magdalena über das Kalksteinjöchl hinunter nach Kalkstein im Villgratental. Die Gehzeit beträgt vier bis fünf Stunden. Zwischen Anfang Juli bis Mitte September wird zweimal wöchentlich ein Bus-Rückholdienst aus dem Südtiroler Gsiesertal und dem Osttiroler Villgratental organisiert, der die Wanderer zurück nach Gsies oder Villgraten bringt.

Eine Verbindung der beiden Täler besteht auch sprachlich, so sprechen die Bewohner im Osttiroler Innervillgraten bis heute einen Dialekt, der jenem der Gsieser sehr ähnlich ist, die Bewohner Außervillgratens hingegen nicht. Die Gsieser dürften also in den vergangenen Jahrhunderten – als hier noch keine Staatsgrenze Ost- und Südtirol trennte – auch ihren Dialekt ins hintere Villgratental geschmuggelt haben. Wer genau hinhört, kann das bestätigen, wer stattdessen im Tal lieber Witze über die Gsieser oder über die Villgrater macht, kann es sich mit den Menschen dort leicht verscherzen.

Zum sogenannten Gsieser-Törl führt ein weiterer Schmugglersteig. Unterhalb des Bergkamms befinden sich direkt an die Felswand gebaute Kasernengebäude.

17

Ausgezeichnetes **Gravensteiner-Destillat** in der **Brennerei Ortler**
Kreuzweg 9/b
I-39057 Eppan an der Weinstraße
+39 (0)335 1051014
www.ortler.biz

DÄNEMARK ODER SÜDTIROL?

Apfelsorte Gravensteiner im Etschtal

Bei vielen Apfelfeinschmeckern zählt der Gravensteiner zu den Lieblingssorten. Bereits im August kann die mittelgroße, flachkugelige Frucht geerntet werden. Sie besticht durch ihre markante rot-orange gestreifte flammenähnliche Schale und ist seit Mitte des 17. Jahrhunderts in Dänemark und Norddeutschland bekannt. Es ist möglich, dass diese schon sehr früh beschriebene Sorte in einem direkten Zusammenhang mit Schloss Gravenstein steht, das nur 30 Fahrkilometer von der deutsch-dänischen Grenze entfernt liegt, und heute unter anderem als Sommerresidenz des dänischen Königshauses dient. Es gibt aber auch die Theorie, dass der Gravensteiner einst aus Südtirol kam und erst später nach Dänemark importiert wurde. Wer hier genauere Nachforschungen anstellt, wird wohl oder übel selbst in den sauren Apfel beißen. Am besten in einen Gravensteiner!

Das sumpfige Gebiet in Norddeutschland und Dänemark, aber auch die feuchten *Möser* des Etschtals kommen diesem Apfel entgegen, denn der Gravensteiner benötigt einen ausgesprochen feuchten Boden, der auch in heißen Sommern nicht trocken wird. Der Gravensteiner ist unumstritten der geeignetste Apfel für den klassischen Südtiroler Apfelstrudel, sowie die beste Hauptzutat beim Brennen von Apfelschnaps. Davon ist auch Alexander Ortler überzeugt, der seit 2011 seiner Leidenschaft fürs Schnapsbrennen überaus erfolgreich nachgeht und für sein Gravensteiner-Destillat mehrfach ausgezeichnet wurde. Allerdings bedauert er, »dass es nicht mehr viele Bäume dieses saftigen und würzigen Apfels in Südtirol gibt und der Gravensteiner unmittelbar nach der Ernte verarbeitet werden muss, da die Haltbarkeit so gering ist.«

Adel verpflichtet! Auch beim Gravensteiner. Ob die Sorte aus Dänemark, aus Südtirol oder gar aus Schleswig-Holstein stammt, ist den meisten Südtiroler Apfelbauern egal: Hauptsache, es gibt sie noch.

90 Prozent der Südtiroler Obstproduzenten befolgen die Richtlinien des integrierten Anbaus, zehn Prozent der gesamten Produktion werden hingegen im biologischen Apfelanbau entwickelt.

BAUWERKE, SCHAUWERKE

»Von hier aus bildeten wir die Übrigen durch Sprache, Gesetze und Künste«, steht als faschistisches Credo immer noch in großen Lettern auf dem Siegesdenkmal geschrieben. Das imposante Denkmal in Bozen ist eines der umstrittensten Monumente Südtirols. Architekt Marcello Piacentini (1881–1960) plante den knapp 20 Meter breiten Triumphbogen und realisierte ihn auf dem unfertig gebliebenen österreichischen Kaiserjäger-Denkmal am einstigen Talferplatz. Eingeweiht wurde das Denkmal im Juli 1928 von König Viktor Emanuel III.

Gegenwärtig steht die Gegend um den Siegesplatz und unter dem Denkmal für ein neues historisches Bewusstsein in der Südtiroler Geschichtsschreibung aller Sprachgruppen. Unter dem Mahnmal wird in den rundum neu gestalteten unterirdischen Räumlichkeiten die Geschichte Bozens von 1918 bis 1945 dokumentiert – die Folgen des Ersten Weltkriegs, die vom Faschismus bestimmte Zwischenkriegszeit, aber auch die Errichtung der Bozner »Neustadt« zwischen

dem alten Stadtkern und Gries. Wer sich Zeit nimmt und durch die breiten Straßen flaniert, sieht ein anderes Bozen – ein neues Gefüge auf den Trümmern einer gescheiterten faschistischen Planstadt. Das architektonische Bauensemble politischer Reliktbauten ist durchaus sehenswert.

Der Siegesplatz, der vor Jahren gemäß einem Volksentscheid kein Friedensplatz werden durfte, ist mit seinem gigantischen Denkmal dennoch ein guter Blickfang für Tagesbesucher und Fotografen.

Es gibt in Südtirol glücklicherweise auch abseits politisch gefärbter Kulturgeschichte zahlreiche sehenswerte Baudenkmäler, die ihre eigene kuriose Geschichte mitbringen – ob archäologische Sensation, kunsthistorische Perle, unvergessliche Bahnhofserfahrung, trinkende Zwerge sowie Museen, Brücken und weitere Bauwerke, Schauwerke!

18

Die **Einsiedlerbibliothek Brenner** liegt am **Steinjoch**
Startpunkt Wanderung: Direkt im Grenzort, südlich des Bahnhofs
I-39041 Brenner

Informationen:
Marktgemeinde Brenner
Ibsenplatz 2
I-39041 Gossensass (BZ)
+39 (0)472 632369
www.gemeindebrenner.eu

NIEMANDSLAND

Einsiedelei am Brenner

Udo Jürgens besingt den Grenzpass im Refrain seines Fußball-Songs *Wir sind schon auf dem Brenner*. Auch die Punker von den *Toten Hosen* überquerten ihn singend in den 1990er-Jahren, als sie am Brenner für ihren Videoclip des italienischen Hits *Azzurro* von Adriano Celentano eine für den Ort passende Geldwechsel-Szene drehten.

Der Brenner ist nicht nur ein politischer, sondern auch ein geografischer Grenzort. Mit dem deutschen Wirtschaftswunder stieg nach den Weltkriegen wieder die Reisefrequenz von Norden nach Süden. Über den Brenner, den niedrigsten Alpenpass nach Italien, fuhren Ende der 1960er-Jahre bereits eine Million Fahrgäste. Auch viele Künstler begannen den Brenner zu lieben. Maurizio Cattelan etwa hat hier im Rahmen des Projekts Niemandsland eine große Arbeit in die Landschaft platziert. Hoch über dem Dorf Brenner gab es bis vor wenigen Jahren eine von den beiden Berliner Künstlern Stefan Micheel und Hans Winkler realisierte »Einsiedlerbibliothek«.

Das Kunstprojekt ist mittlerweile abgeschlossen, aber die Bibliotheks-Hütte steht immer noch am Steinjoch auf 2.100 Metern und man kann sie über eine steil ansteigende Wanderung mit immerhin 800 Höhenmetern erreichen. Im Inneren der kargen Hütte befand sich nur das Nötigste – eine Liege, ein Ofen, Stuhl, Tisch, Kerzen und eine kleine Auswahl an 100 Büchern. Wer heute hierher wandert, wird begeistert sein, welche prächtig ausgebauten Fahrradwege es hier oben gibt und wie viel Kriegsarchitektur in Form von aufgelassenen Kasematten in der Landschaft steht.

Auch wenn die Einsiedlerbibliothek mittlerweile geschlossen werden musste, hier am Alpenhauptkamm des Brenners kann sich der Wanderer auch als ein Ur-Siedler fühlen – oder als Einsiedler, inmitten einer kargen, aber imponierenden Kulturlandschaft.

An der Autobahn am Brennerpass steht auch ein Museum – gebaut für eine große Skulptur des venezianischen Künstlers Fabrizio Plessi. Es ist Ruheort für rasende A22-Reisende.

19

Pigloner Kopf
Mitterberg
I-39051 Pfatten

Tourist-Information Leifers Branzoll Pfatten
J.-F.-Kennedy-Straße 88
I-39055 Leifers
+39 (0)471 950420
www.suedtirols-sueden.info

ZEHN KLEINE KUPFERÄXTE

Mitterberg

Südlich von Bozen, mitten im Tal, liegt ein langgezogener Bergrücken, den die Menschen auf den Namen Mitterberg getauft haben. Während der langgestreckte Hügel auf der einen Seite in die Landschaft des Überetschs übergeht, fällt er ab Schloss Sigmundskron entlang der Etsch steil ab. Im größtenteils unberührten Mitterberg haben sich viele Geschichten zugetragen – etwa jene von Peter Wöth, der sich Mitte des 19. Jahrhunderts auf der Anhöhe *Wilder Mann Bühel* zurückzog, nachdem er als Goldsucher aus San Francisco zurückgekehrt war. Viele glauben heute noch, Peter Wöth hätte damals Gold zurück nach Europa gebracht. Wertvolle Funde kamen in der einstigen Behausung Peter Wöths allerdings nicht zum Vorschein. Umso fundreicher ist die Gegend rund um eine Felskuppe am südlichen Ausläufer des Berges, am sogenannten Pigloner Kopf.

Im Auftrag des Amtes für Bodendenkmäler gelang es dem Archäologen Hanns Oberrauch, in diesem schwierigen Gelände bedeutende Funde zu bergen. Hier, an einem der ältesten nachgewiesenen Brandopferplätze Europas könnten tatsächlich Ötzis Urenkel gehaust haben. Vor kurzem fanden die Archäologen ein Depot von fünf kleinen Kupferäxten, die in zwei Metern Tiefe unter einer Steinplatte zum Vorschein kamen. Insgesamt fünf weitere Äxte des gleichen Typs wurden bereits in den Jahren 1998 und 2002 geborgen. Diese nicht gebrauchsfähigen Äxte, deren Länge nur acht Zentimeter und deren Gewicht ungefähr 50 Gramm beträgt, waren aus nahezu reinem Kupfer gegossen und wurden wahrscheinlich als Votivgaben zusammen mit Pfeilspitzen, Sichelklingen, Keramik (Henkelbecher, Töpfe und Schüsseln), sowie verbrannten Tierknochen in einer Felsspalte deponiert. Der mit Abstand spektakulärste Fund am Pigloner Kopf war jedoch eine Dolchklinge aus Kupfer. Es ist der erste Fund eines kupferzeitlichen Dolches im Tiroler Raum. Experten datieren ihn in die Zeit zwischen 2800 und 2400 v. Chr., also in etwa in die Zeit von Südtirols bekanntester Leiche: Ötzi!

Der Sensations-Mann aus dem Eis, der immer noch Tausende Besucher ins archäologische Museum nach Bozen lockt, wurde

1991 von einem deutschen Ehepaar beim Wandern entdeckt. Über 5.000 Jahre hatte die 1,54 Meter große und 13 Kilogramm schwere Gletschermumie vom Hauslabjoch ihre Ruhe, bis sie nahezu unversehrt vom Eis freigegeben wurde. Neben der Leiche wurden zahlreiche Alltags- und Gebrauchsgegenstände gefunden – etwa ein mitgeführtes Kupferbeil. Ötzi, so sagen Experten, muss wohl ein angesehener Mann gewesen sein, da Kupfer zu dieser Zeit sehr wertvoll war.

Ich erinnere mich mit Schmunzeln an den Sommer 2003, als TV-Redakteure der ZDF-Sendung *Abenteuer Wissen* bei dem Archäologen Hanns Oberrauch anklopften und sich für Dreharbeiten am Pigloner Kopf anmeldeten – genau dort, wo ich mir als archäologischer Mitarbeiter ein kleines Zubrot verdiente. Mit dabei war ein Fotograf der Zeitschrift GEO, der die Dreh- und die Ausgrabungsarbeiten festhielt. Die Medienleute hatten viel technisches Gerät dabei, vom Kran bis zu einer Maschine, die Nebelschwaden entstehen ließ. Für den vorletzten Drehtag hatte sich die kreative ZDF-Crew etwas Besonderes einfallen lassen. Die Redakteure hatten ein Kleidungsstück aus Fellen dabei, welches sie für eine vor der Kamera geplante Ötzi-Szene mitbrachten. Nachdem nicht klar war, wer von uns Arbeitern bei der geplanten Nachtszene vor einem Lagerfeuer den Ötzi geben sollte – fiel die Entscheidung in einem mehr oder weniger undemokratischen Casting im Wald letztendlich auf mich, da nur mir das Ötzi-Kostüm wie angegossen passte. Als Ötzi-Double gelangte ich somit via Bildschirm in sämtliche deutschen Haushalte, sowie auf ein großformatiges Foto der Zeitschrift GEO – ganz ohne schauspielerisches Talent. Das ich übrigens bis heute nicht habe.

Nachdem die Fundstelle am Pigloner Kopf für eine einfache Wanderung zu schwierig ist, empfiehlt sich ein Abstecher auf die einmalig gelegene Ruine Leuchtenburg – die Krone am Mitterberg. Von dem massiven ovalen Mantel der Ruine aus bietet sich ein einzigartiger Blick über das Unterland und das Überetsch. Obwohl die Leuchtenburg zum Gebiet der Gemeinde Pfatten gehört, beginnt die Wanderung unmittelbar am Kalterer See, im Ortsteil *Klughammer*.

Entlang der Beschilderung zur Leuchtenburg (Nr. 13) geht der Weg zunächst entlang von Weinreben und Apfelbäumen, dann führt der Steig in den Wald und Gelände und Weg werden steiler. Nach rund 30 Minuten kommt es zur entscheidenden Wegkreuzung: Links führt der Weg zur Ruine Leuchtenburg, gerade weiter geht es hingegen zu einem weiteren Naturschauspiel, den Rosszähnen und ihren luftigen Warmlöchern.

Die Felsen der Rosszähne ragen imposant in die Höhe und bieten, wie auf der Ruine Leuchtenburg, einen perfekten Rundumblick. Weitaus spektakulärer ist jedoch das Naturphänomen von warmer Luft, die hier aus diversen Bodenlöchern strömt. Insbesondere an kalten Wintertagen ist die Wirkungskraft der Warmlöcher besonders zu spüren, nachdem die warme Luft über ein langes natürliches Röhrensystem nach oben dringt. Die ersten Bewohner am Mitterberg, die vor über 5.000 Jahren hier hausten, haben die Warmlöcher womöglich verehrt und mit Naturgottheiten in Verbindung gebracht. Von den Rosszähnen gelangen nur trittfeste und schwindelfreie Wanderer zur urigen Landschaft am Pigloner Kopf.

Wer aber glaubt, hierherzukommen und ohne Erlaubnis in der Erde nach weiteren Schätzen graben zu müssen, findet höchstens ein ZDF-Mainzelmännchen, welches hier als Andenken für spätere Generationen vergraben wurde. Wer es mitnimmt, begeht eine Straftat!

Eine Rundwanderung auf die Leuchtenburg und ein Besuch der Rosszähne nimmt rund drei Gehstunden in Anspruch. Achtung: Keine Einkehrmöglichkeit!

20

Kein mittelalterlicher Pumuckl, sondern aller Wahrscheinlichkeit nach schaukelt der heilige Prokulus im Fresko des bekannten Kirchleins

St.-Prokulus-Kirche
St.-Prokulus-Straße 1
I-39025 Naturns
+39 (0)473 673139
www.prokulus.org

HEILIGER COMICSTRIP

St. Prokulus

Ob es sich bei den Fresken im hübschen kleinen St.-Prokulus-Kirchlein in Naturns wirklich um die »ältesten Fresken im deutschen Sprachraum« handelt? Bis heute streiten sich jedenfalls die Wissenschaftler, ob die Malereien an den Kirchenmauern aus dem 7. oder 8. Jahrhundert n. Chr. stammen. Auf jeden Fall zeigt das Fresko auf sehr lustige Weise, wie der heilige Prokulus über ein Seil vor dem heidnischen Statthalter Veronas flieht, indem er, wie auf einer Schaukel sitzend, das Weite sucht. Dabei hält er sich nicht links und rechts am Seil, sondern greift daneben, just in dem Moment, als würde er nicht nur von Verona, sondern auch von der Schaukel fliehen. Die Wissenschaft hat diesen Fluchtversuch über ein Dutzend Mal und immer auf unterschiedliche Weise interpretiert. Bei aller Liebe für historisch nachvollziehbare Schlussfolgerungen – am Ende bleibt die Frage: Ja, ist denn der Mann mit dem coolen Blick und Haarschnitt überhaupt der heilige Prokulus?

Die frühe Bildgeschichte – sie könnte auch eine Comic-Zeichnung aus heutigen Tagen sein – wirft Fragen über Fragen auf und ist für Laien am besten mit viel Fantasie und mit einem Schmunzeln auf den Lippen zu genießen. Ebenso das Fresko daneben, das eine lachende zwölfköpfige Rinderherde zeigt. Zwei Hirten führen die Herde an und ein keuchender Hund bewacht sie. Vielleicht hängt ihre Darstellung mit dem »Schaukler« zusammen, jedenfalls gilt der heilige Prokulus auch als Viehpatron und damit auch als Schutzpatron der Rinder. Lachen sie ihren Heiligen an, lachen sie ihn aus? Egal, Hauptsache sie lachen!

Wer auf die Idee kam, auf die nackten Wände die wunderbar heiteren Wandmalereien anzubringen, bleibt gleich unbekannt wie ihr Ursprung. Vielleicht wollte der Künstler ohnehin anonym bleiben, nachdem die katholische Kirche zum Lachen im Allgemeinen und in heiligen Räumen besonders bis heute ein problematisches Verhältnis pflegt. Hier jedenfalls kommt man nicht umhin.

Archäologen haben herausgefunden, dass in der Spätantike hier ein Wohnhaus stand und die Kirche erst nach einem Brand in der ersten Hälfte des 7. Jahrhunderts gebaut wurde.

21

Das Schiff aus Stein lag über Jahre ungenutzt am Stausee unweit des Dorfes Franzensfeste. Heute ist die Festung Franzensfeste Treffpunkt für Kreative.

Festung Franzensfeste
Brennerstraße
I-39045 Franzensfeste
+39 (0)472 057218
www.franzensfeste.info

GOLDSUCHE UMSONST!

Festung Franzensfeste

Es gibt Bauwerke, die durch ihre Wuchtigkeit beeindrucken oder aber durch ihre Dominanz eine grenzenlose Sinnlosigkeit versinnbildlichen. Das eine wie das andere scheint zutreffend bei Bauwerken wie der Berliner Mauer und der Festung Franzensfeste. Durch einen glücklichen Zufall ergab es sich, dass der in Berlin als »Mauermaler« bekannt gewordene Kiddy Citny vor wenigen Jahren in der nutzlos errichteten Festung Franzensfeste zu Gast war, um bei einem Workshop seine Erfahrung im Umgang mit Graffitikunst an junge Künstler weiterzugeben. Teile von Citnys Mauer-Malerei fanden immerhin ihren Weg ins New Yorker *Museum of Modern Art* (MoMA).

Die Festung Franzensfeste ist heute ebenfalls ein Kunstort. Nachdem an dem alten Bauwerk einige zeitgemäße architektonische Eingriffe in Stahl und Beton angebracht worden waren, fand die Festung nach den Jahrzehnten des sinnlosen Herumstehens endlich eine Daseinsberechtigung. Hier fand die Manifesta statt, die europäische Biennale für zeitgenössische Kunst, sowie die große Landesausstellung der Europaregion Tirol. Immer wieder gibt es Konzerte, Theater und Sonderausstellungen.

Wie ein träges, rostiges Raumschiff liegt die Festung seit 1838 in der Landschaft. Hier schien der geeignete Platz, um die Verkehrsachse zwischen den mediterranen Ländern und Mitteleuropa zu unterbrechen. Nicht einmal fünf Jahrzehnte nach der Fertigstellung verlor die Festung zunehmend ihre Funktion, diente nur mehr als Pulverlager, zunächst dem österreichisch-ungarischen, nach dem Ersten Weltkrieg dem italienischen Heer. In den Jahren 1943 bis 1945 wurde sie von den Nationalsozialisten zum Depot für Raubgüter genutzt – beispielsweise für den Goldschatz der *Banca d'Italia.*

Einige Tagträumer vermuten immer noch, dass in der Festung Reste des Goldschatzes zu finden sind. Das Hoffen auf Gold ist leider gleich sinnlos wie einst der Bau der Berliner Mauer.

In der Festung Franzensfeste wird biennal das Ausstellungsprojekt *50x50x50* durchgeführt. Künstlerinnen und Künstler zeigen dabei ihre neuen Arbeiten in den alten Räumen.

22

Die Straßensperre Gomagoi. Wer hier vorbeikommt sieht bereits die atemberaubende Passstraße vor sich.

Straßensperre Gomagoi
Panoramastraße
Stilfserjoch
I-39029 Stilfs

SCHWERGEWICHTE – ACHTUNG, SPERRIG!

Gomagoi

In dem kleinen an der Stilfserjoch-Passstraße gelegenen Dorf Gomagoi wurde 1861 eine Straßensperre in Form einer kleinen Festung errichtet. Sie liegt oberhalb des gleichnamigen Ortes, an der Einmündung zum Suldental.

In dieser kargen Gegend waren schon Michael Jackson und Angela Merkel zu Gast, um sich vom Alltagsstress zu erholen. Vielleicht ist ihnen dabei auch die in Massivbauweise errichtete Straßensperre Gomagoi aufgefallen, die in ihrer Funktion 1915 aufgelassen wurde und bis heute als Schwergewicht in der Landschaft steht.

Heute wird die Hauptstraße in Gomagoi nur mehr einmal im Jahr gesperrt, und zwar für einige Stunden, an einem Tag im Spätsommer. Dann strampeln an die 8.000 Radfahrer die beeindruckende Stilfserjoch-Straße vorbei an der Straßensperre Gomagoi bis zur Passhöhe nach oben. Das kleine Dorf, das dem Fort den Namen gab, gehört zur Gemeinde Stilfs und zählt um die 100 Einwohner.

Auch das literarische Schwergewicht Thomas Bernhard (1931–1989) hielt sich aus gesundheitlichen Gründen mehrmals in dieser Gegend auf und ließ sich von ihr inspirieren. So wurde die karge Höhenlandschaft rund um die höchsten Berge Südtirols zur Kulisse für seine literarischen Arbeiten. Im März 1971 erschien sein Prosaband *Midland in Stilfs*, dessen drei Erzählungen in den Jahren 1969 und 1970 entstanden sind. In einem Brief an seinen Verleger Siegfried Unseld im März 1971 schätzte Bernhard die Erzählung *Am Ortler – Nachricht aus Gomagoi* über zwei ungleiche Brüder als stärkste von den dreien ein und auch der Verleger stimmte diesem Urteil zu. Thomas Bernhard beschrieb die Zeit hier im Ortlergebiet als die glücklichste seines Lebens.

Knapp 50 Kehren und über 1.800 Höhenmeter. Beim jährlichen Radtag mit dem Ziel Stilfserjoch treten Tausende Radfahrer in die Pedale.

SCHALEN UND SCHLAFEN?

Apfelsorte Morgenduft

Was tun bei schlaflosen Nächten? Sich im Bett herumwälzen oder auf ein seit jeher natürliches Hausmittel zurückgreifen, um wieder gesunden Schlaf zu finden und erholt in den Tag zu starten? Mit einer Tasse Tee aus Apfelschalen lässt sich wachen Nächten der Kampf ansagen! Vor dem Zubettgehen werden einfach getrocknete Apfelschalen mit Wasser aufgekocht und der Sud mit Honig versüßt. Dann heißt es gut schlafen, bis man von frischem Morgenduft geweckt wird.

Morgenduft nennt sich auch die älteste der »neueren Apfelsorten« in Südtirol. Die Herkunft des Apfels geht auf die 1820er-Jahre zurück. Öffentlich vorgestellt wurde er 1848 in Ohio in den USA – er gehört zu den widerstandsfähigsten Apfelsorten. Der Morgenduft ist rund, rot und hat zarte weiße Punkte, er besitzt ein festes Fruchtfleisch und schmeckt süß-säuerlich. Kurz nach dem Ersten Weltkrieg gesellten sich zu Südtirols traditionellen, alten Apfelsorten solche amerikanischen Ursprungs. Vielleicht auch deshalb, da insbesondere der Morgenduft keine hohen Ansprüche an Feuchtigkeit und Durchlüftung des Bodens stellt.

Lag der Anteil heimischer Sorten Mitte der 1950er-Jahre noch bei 75 Prozent, so waren es Mitte der 1960er-Jahre nur mehr 32 Prozent. Bereits im Jahr 1975 waren viele der alten Sorten verschwunden. Lange Zeit waren Sorten wie Morgenduft oder Jonathan die am häufigsten angebauten Äpfel in Südtirol. In den 1980er-Jahren beginnt – bei den Abnehmern und Obstbauern – der Siegeszug des Golden Delicious.

Auch dessen Schale eignet sich für einen gesunden Apfelschalentee, sind doch bei jedem Apfel an die 70 Prozent der Vitamine und Ballaststoffe in der Schale oder unmittelbar darunter. Als Schlaftee geeigneter soll laut Experten allerdings die Schale des Morgendufts sein. Vielleicht liegt es am Placebo-Effekt des Namens.

Auf einer Fläche von über 18.000 Hektar, das sind rund sieben Prozent der gesamten landwirtschaftlichen Nutzfläche Südtirols, gedeihen die Südtiroler Äpfel dank der durchschnittlich 2.000 Jahres-Sonnenstunden.

23

Blick auf die untere und obere Trassenführung der Mendelbahn. Steiler geht's nicht!

Mendelbahn
St. Anton 58
I-39052 Kaltern
+39 (0)471 962610
www.kaltern.com

STEIL NACH OBEN!

Mendelbahn

Mit 64 Prozent Steigung gilt die Mendelbahn als ein Meisterwerk der Ingenieurskunst. Im Jahr 1903 wurde diese erste elektrisch betriebene Seilbahn Österreichs errichtet und brachte zu Beginn vor allem gut betuchte Kurgäste von Kaltern auf den Mendelpass, die dort dem Golfspiel frönten, oder in einem beheizten Schwimmbad untertauchten.

Auch der Schriftsteller Karl May besuchte den Mendelpass mehrmals; einmal gemeinsam mit Ehefrau Emma Pollmer, 1902 mit Ehefrau samt Freundin Klara Plöhn und zum letzten Mal 1911, mit seiner neuen Ehefrau Klara Plöhn. Was sich 1902 rund um den Schriftsteller am Mendelpass abgespielte, ist gut dokumentiert und ein astreiner Rosenkrieg mit Blick auf den Rosengarten, dem Bergmassiv in den Dolomiten, unter welchem Karl May wenige Jahre zuvor noch genüsslich für ein Foto in der Wiese posierte. Ein Jahr vor der Eröffnung der Bahn aber reiste Karl May mit Gattin und Freundin in zwei getrennten Kutschen an, um im Grand Hotel Penegal – heute sind in dem Gemäuer Wohnungen untergebracht – ein paar schöne Tage zu verbringen. Hier kommt es zum Eklat und zur endgültigen Trennung von Emma Pollmer. May hatte sich nämlich in die beste Freundin seiner Frau verliebt, Klara, die er ein knappes Jahr später heiratete. Pollmer strengte ein Gerichtsverfahren gegen May an, das in Bozen über die Bühne ging und mit einem gerichtlichen Vergleich endete. Am 20. Juli 1911 fährt Karl May mit seinem »Herzle« Klara Plöhn ein letztes Mal mit der Drahtseilbahn ins Tal. Es sollte sein letzter Erholungsurlaub bleiben, wenige Monate später wird er zu Grabe getragen. Im Unterschied zu einst werden die 850 Meter Höhenunterschied heute in nur zwölf Minuten bewältigt. Die Bahn fährt fast immer im 20-Minuten-Takt, vom Kalterer Ortsteil St. Anton auf den Mendelpass – und natürlich retour.

Jeden Freitag von Juni bis September findet eine Fahrt auf die Mendel mit anschließender Führung zur Geschichte des Passes statt.

24

Kirche St. Valentin
Kandelsberg 5
I-39058 Sarnthein

GÖTTLICHES BERGRAD

Tilmann Waldthaler und das Kirchlein St. Valentin im Sarntal

»Bob Marley hat mir einmal im Flugzeug eines seiner T-Shirts geschenkt. Ich hab das dann immer auf meinen Reisen mitgenommen«, erzählte mir der kleine bärtige Mann, der nicht nur Bob Marley, sondern die ganze Welt gesehen hat: Tilmann Waldthaler.

Der Rad-Weltenbummler wird auch gerne als Reinhold Messner des Fahrrads bezeichnet. »Doch mit dem Messner«, sagt Waldthaler, »habe ich im Grunde wenig zu tun, eher mit dem Mesner, einer Jausenstation im Sarntal, auf dem Berghang nördlich der Ortschaft Astfeld.« Hier kehrte Waldthaler öfters ein und zeigte diesen herrlichen Platz an der Sonne – mit sehenswertem Kirchlein nebenan – seinen Freunden und Bekannten. Das für Südtirol eher untypische Kirchlein St. Valentin stammt aus dem 13. Jahrhundert und ist wahrscheinlich die älteste Kirche im Sarntal. Vor allem wegen der zur Gänze ausgemalten Apsis ist St. Valentin vielen Kunstliebhabern ein Begriff.

Ganz in der Nähe des bewirtschaftete Waldthaler und seine Frau über mehrere Jahre einen kleinen, alten Bauernhof. Der Bergradler – der heute in Australien wohnt – erinnert sich, wie ihm die Südtiroler einst ausreden wollten, dass der Mountainbike-Boom einmal Südtirol erreichen werde. Wenn der in München geborene und in Österreich aufgewachsene Waldthaler heute nach Südtirol reist, wo seine Vorfahren herstammen, bekommt der Heimatlose allerdings kaum Heimweh. Jemand, der über 140 Länder mit dem Fahrrad bereist und die Welt längs und quer umradelt hat, der ist eben nirgends – oder nur auf seinem Sattel – daheim.

Auch wenn nicht alle Leute im Sarntal genau verstehen, dass es bei ihnen im Tal einen gegeben hat, der das Fahrradfahren zum Beruf machte und der von hier aus große Weltreisen plante, Waldthaler zuckt mit seinen Schultern und sagt: »Hier in Südtirol hab ich meine ersten Diavorträge gehalten und den Menschen den Blick für fremde Länder geöffnet.«

Der Sarner Kirchtag ist eines der größten Volksfeste Südtirols. Es findet am ersten Wochenende im September statt und dauert drei Tage. Am Kirchtagsmontag gibt es einen traditionellen Bauernmarkt.

25

Das Museum Ladin thront auf einem Hügel. Hoch über dem Geburtshaus des großen Künstlers Gilbert Prousch im Vordergrund.

Museum Ladin
Torstraße 65
I-39030 St. Martin in Thurn
+39 (0)474 524020
www.museumladin.it

LEBENDIGE SKULPTUREN

Museum Ladin

Gilbert Prousch – eine Hälfte des bekannten Künstlerduos *Gilbert and George* – zählt neben dem Meraner Künstler Rudolf Stingel zu den bekanntesten Künstlern mit Südtiroler Wurzeln. Dabei verschweigt Gilbert Prousch in seiner Biografie gerne das Dorf St. Martin in Thurn, in welchem er seine Kindheit und Jugend verbrachte. Als Umschreibung des Geburtsorts gibt er gerne »Dolomiten« an. Mehr Angaben zu seiner Vergangenheit in den Bergen findet man selten. Gilbert Prousch war nach seiner künstlerischen Ausbildung im Grödnertal und an der Akademie in München nicht mehr in sein Heimatdorf zurückgekehrt. Ihn zog es nach London, wo er mit seinem Lebens- und Kunstgefährten George Passmore als lebendiges Skulpturenpaar weltbekannt wurde.

Ich hatte bei einer Spurensuche vor einigen Jahren die Gelegenheit, Gilberts Heimathaus im Gadertal zu besuchen, wie es der 1943 Geborene Mitte der 1960er-Jahre verlassen hatte. Im leer stehenden Haus sah ich sogar noch einige alte Malskizzen, Farbproben und kleine geschnitzte Figuren. Der Bruder des Künstlers, der mich bei meiner Gilbert-Recherche begleitete, hat mich damals auch auf eine beinahe menschengroße Holzmadonna aufmerksam gemacht, die der einst gläubige Gilbert in jungen Jahren angefertigt hat. Sie wurde früher bei Prozessionen durch das Dorf getragen und wird heute im Museum Ladin aufbewahrt. Kaum jemand weiß, dass sie und andere frühe Arbeiten aus dem Werk des bekannten Künstlers im ladinischen Gadertal vor sich hinschlummern. Es sind die ersten Belege eines kreativen Geistes, dem es im Tal zu kleingeistig wurde.

Vielleicht hatte der kleine Gilbert, bereits beim Schnitzen von christlichen Figuren, jenen frommen Wunsch geäußert, den er später mit George Passmore umsetzte – nämlich selbst eine Kunstfigur zu sein.

Fragen Sie im Museum Ladin nach Gilbert Prouschs Holzmadonna. Vielleicht dürfen Sie einen Blick auf diese frühe Skulptur des Künstlers werfen.

26

Von der **Talferbrücke** sind Bozens Talferwiesen nicht mehr weit. Dort kann man bei angenehmen Temperaturen herrlich im Gras liegen und auf die Brücke gen Süden schauen.

Informationen:
Verkehrsamt der Stadt Bozen
Südtiroler Straße 60
I-39100 Bozen
+39 (0)471 307000
www.bolzano-bozen.it

ERBAULICHE ZEITEN

Talferbrücke

Im schönen Land Tirol nennt sich eine von vielen Kurzgeschichten, die der Dadaist und Krimiautor Walter Serner Mitte der 1920er-Jahre verfasste. Er galt in seiner Zeit als literarisches Enfant terrible, aber auch als brillanter Beobachter sozialer Verhältnisse. Seine Tiroler Kriminalgeschichte ließ Serner auf der Talferbrücke beginnen, »welche Bozen mit Gries verbindet«. In einem gewollt verworrenen Dialog, den der Autor erotisch aufbauscht, geht es um eine Frau, »die ihre Busen und Lippen spitzt«, mit ihrem Gegenüber kokettiert und beinahe zum Wahnsinn treibt.

Ein Wahnsinn erscheint aus heutiger Sicht auch der Plan einiger Bozner Stadtväter der 1980er, die alte Talferbrücke abzureißen. Das Komitee *Rettet die Talferbrücke* ermahnte allerdings die Stadtplaner, dass die bestehende Brücke auf Grund technischer Beweisführung mit einem Drittel der vorangeschlagenen Neubaukosten sanierbar wäre. So stehe ein geplantes isoliertes Autobahnstück – also eine zweite, neue Talferbrücke daneben – im Widerspruch zur bestehenden Straßendimension der Altstadt. Nachdem die Brücke außerdem als ein historisch wichtiges Stadtelement angesehen wurde, blieb sie den Boznern bis heute erhalten. Aus technischer Sicht handelt es sich um eine fünfteilige Flachbogenbrücke mit Fachwerk-Tragkonstruktion aus genieteten Eisenprofilen, die auf Steinpfeilern stehen. Ganze 10 Jahre blieb sie allerdings gesperrt, um Tragfähigkeit und Funktionalität der Brücke auch für die Zukunft zu garantieren. Heute rollt der Verkehr wieder.

Zu Walter Serners Zeiten fuhr sogar noch eine Tram über die Brücke. Serners Bozen-Krimi endet übrigens ohne Mord und Totschlag, aber dennoch irgendwie atemberaubend: »Er schloß ihr den Mund mit einem prallen Kuß, unter dem sie jedoch noch sekundenlang weiterquargelte …« – was so viel heißt wie weiterplappern.

Walter Serners Dada-Manifest *Letzte Lockerung* zählt zu den wichtigsten Dada-Texten überhaupt. Er verursacht stirnrunzelndes Kopfschütteln – wie seine Erzählung *Im schönen Land Tirol.*

27

Ein Plädoyer für einen Kulturtempel – Patti Smith bei ihrem Auftritt in der Bahnhofsremise Bozen

Bahnhofsremise
Schlachthofstraße 24
I-39100 Bozen

PEOPLE HAVE THE POWER

Bahnhofsremise

Mit Beginn des jüngsten Jahrtausends begann auch die Ära des Festivals Transart, welches alljährlich ab September zeitgenössische Kultur nach Südtirol bringt. Ob zeitgenössische Musik, Tanz, Videokunst oder aber herausragende Kulturgrößen der jüngsten Zeitgeschichte, die auf ihre Weise die Welt veränderten – *Transart* holt Künstler aus aller Welt in die Alpen und an spektakuläre Veranstaltungsplätze, verteilt im ganzen Land, und stets dort, wo man es nicht erwartet. Einem Aufführungsort hält das Festival aber seit Jahren die Treue. Es ist die große alte Bahnhofsremise in Bozen, deren Tore für kulturelle Veranstaltungsabende des Festivals Transart aufgesperrt werden.

Die Fabrikhalle, in der normalerweise Eisenbahnlokomotiven auf Vordermann gebracht werden, imponierte vor wenigen Jahren der Ausnahmekünstlerin Patti Smith dermaßen, dass sie während ihres Auftritts anregte, für den Erhalt solcher Areale wie die Bahnhofsremise zu kämpfen, sie mit Kultur dauerhaft zu besetzen, denn, so Patti Smith: »People have the power.« Dieser zum Lied gewordene Satz, möge nicht vergessen werden. »Never!« Ob es ihr mit ihrer Ansage gelang, bei den Bozner Stadtplanern zu punkten, wird sich in den kommenden Jahren herausstellen. Feststeht, dass das gesamte Bahnhofsareal nach den Plänen des renommierten Architekten Boris Podrecca eine Umstrukturierung erfahren wird. Vom heutigen Bahnhof bis zum Hügel am Virgl und zum Kohlererberg wird sich demnach das Stadtbild Bozens stark verändern. Einer großangelegten Revitalisierung des Bahnhofareals steht nichts im Wege – außer die gewichtige Antwort auf die unangenehme Frage, wer das Ganze bezahlen soll.

Wo immer die Gelder auch herkommen werden, eines bleibt sicher, die Bahnhofsremise bleibt dort, wo sie ist. Und vielleicht wird sie gar in einen Kulturtempel umfunktioniert. Der ganzjährig Kultur anbietet!

Das Festival zeitgenössischer Kultur Transart wurde 2001 ins Leben gerufen. Jeweils im Herbst bietet es zeitgenössische Musik und Kunst an ungewöhnlichen Schauplätzen.

28

Das Waltherdenkmal am **Waltherplatz** kann aus mehreren Blickwinkeln betrachtet werden. Die Rückenansicht ist vom literarischen wie historischen Standpunkt die humorvollste.

Stadthotel
Waltherplatz 21
I-39100 Bozen
+39 (0)471 1800161
www.hotel-citta.com

KEHRSEITE
Waltherplatz

Welches Lokal bietet die größte Anzahl und Auswahl an internationalen Zeitungen? Eindeutig das *Stadthotel* am oberen Ende des Waltherplatzes! Es entstand 1913 aus einem Mädchenheim und ist heute nicht nur ein begehrtes Hotel, sondern auch günstiger Ruheort, um den weniger faszinierenden, aber umso interessanteren Blick auf die Rückseite des Denkmals von Minnesänger Walther von der Vogelweide zu werfen. Denn Walthers Rücken kann entzücken. Die folgende Geschichte ist Beweis dafür.

Der heute aus etlichen Gründen in Vergessenheit geratene Schriftsteller Franz Held saß im Jahr 1889 – in dem die Bozner das Walther-Denkmal seiner Bestimmung übergaben – unmittelbar neben dem heutigen Stadthotel, im einstigen Hotel d'Europe. Von dort sah Franz Held, Vater des bekannten Fotomonteurs John Heartfield, ebenfalls auf den Rücken und beschrieb seine verkehrte Sichtweise auf das Denkmal im Gedicht *Kehrseite:* »Herr Walther zeigt dem Hotel d'Europe / Höchst majestätisch den Rücken, Den faden, geblähten Reise-Mob Mit dem H… nur zu erblicken.« Franz Held konnte sich nicht wirklich einen Reim auf die Tatsache machen und er zerbrach sich den Kopf, weshalb die Bozner ein Denkmal verkehrt herum aufgestellt hatten. Er schrieb in seinem Tiroler Reisebrief: »Es muß ein schier außerordentliches Kunstverständnis unter der Einwohnerschaft Bozens grassieren. Denn in richtiger Würdigung des Verhältnisses zwischen Dichter und Publikum hat man die Denksäule so aufgestellt, daß sie den Hotelterrassen des Johannsplatzes ihren minnesängerlichen Allerwertesten zuwendet.«

Johannsplatz? Waltherplatz? Der heute größte und bedeutendste Platz der Stadt ist im Unterschied zu vielen anderen Plätzen nicht wirklich alt und den Namen Walther trägt er auch noch nicht besonders lange. Auf den ältesten Stadtplänen Bozens ist er gar nicht eingezeichnet, da anstelle des Platzes ein Amtshaus im Besitz der Bayerischen Regierung mit dazugehörigem Weingarten aufscheint. Erst 1808 gingen die Liegenschaften an die Stadt Bozen über, um anstatt der Weinreben einen öffentlichen Platz zu errichten. Der neue Platz wurde auf den Namen des bayerischen Königs Maximilian getauft, dann ab 1814, als Bozen und Tirol wieder zu Österreich gehörten, wurde er auf Johann getauft, nach dem jüngeren Bruder des österreichischen Kaisers Franz I. Die Gemeinde Bozen verpflichtete sich, »den Grund stets nur als öffentlichen Platz zu verwenden und keine Aufführung von Gebäuden auf demselben zu gestatten«. Der Name Johannsplatz blieb bis 1901 bestehen. Dann wurde er in Waltherplatz umbenannt, nach dem Minnesänger Walther von der Vogelweide, dessen Denkmal – richtig oder falsch – 1889 aufgestellt wurde.

Der Dichter Franz Held beschreibt in seinen Ausführungen zum Denkmalbau, dass die Stadtgemeinde eigentlich eine Statue des heiligen Ingenuin in Auftrag gegeben hatte, weil sie dem Weinheiligen, der unter anderem mit Trauben in den Händen abgebildet wurde, gern ein Denkmal gesetzt hätte. Es sollte aber anders kommen und genau diese Kehrtwendung der Stadtpolitiker faszinierte den Dichter aus Düsseldorf dermaßen, dass er spöttisch anmerkte: »Nun war der Bildnermeister unglücklicherweise ein Künstler (die sehr schöne Statue weist es aus) – Gott und der Magdalener wissen, wie's zuging – genug, er setzte seinem Ingenuin statt des Heiligenscheins die bedenklich schiefe Kappe eines fahrenden Scholaren auf. [...] Da kam ein ingeniöser Stadtrat auf den Einfall – sie für den Walther auszugeben. So einem Dichter, einem außerhalb der wohlanständigen Bürgerschaft stehenden Subjekt, konnte man eine schiefe Mütze allenfalls noch hingehen lassen – unbeschadet der Reputation der guten Stadt Bozen. [...] Flugs wurde der übermütige Bildhauer bewogen, auf den Sockel der Statue noch ein Kanarienvögelein zu modellieren. Auch ein Paar Gänse, die den göttlichen Schwung der Frau Lyrica versinnbildlichen sollen. Und die Walthersäule war fertig.« Aus Scham haben die Bozner ihr neues Denkmal verkehrt herum aufgestellt, glaubte der Dichter, der sich in Bozens Kneipen umhörte. Wie weit Wahrheit und Dichtung bei Helds Walther-Darstellung abweichen, ist bis heute nicht geklärt.

Franz Held war öfters in Bozen. Wenn er nicht revolutionäre Theaterstücke schrieb, zog er als Geschichtenerzähler durch die Wirtshäuser oder war allein auf Wanderschaft in den Bergen. Er schrieb in dieser Gegend vor allem Gedichte, die ohne Zweifel einen etwas närrischen Charakter haben. Im Jahr 1895 gab der lebenslustige Held sogar selbst den Narren, nämlich den Narren Valerio, im Rahmen der Uraufführung von Georg Büchners *Leonce und Lena* in München – viele Jahrzehnte nachdem Büchner das lange Zeit umstrittene Stück vorgelegt hatte.

Das Leben Franz Helds entwickelte sich ab diesem Moment leider ebenfalls zu einem tragischen Schauspiel. Ende des 19. Jahrhunderts floh er von seiner Familie, versteckte sich in Jenesien, einem Dorf bei Bozen, und wurde dort 1900 als »geistesgestörter Schriftsteller« aufgegriffen. »Der Schriftsteller Franz Herzfeld (Franz Held) wurde letzter Tage infolge Geistesstörung der Irrenabteilung des hiesigen Spitals zur Beobachtung übergeben«, schrieb die Bozner Zeitung von damals und erwähnt lobend: »Herzfeld hat sich durch zahlreiche, farbenprächtige Schilderungen von Land und Leuten in Tirol um unser Land verdient gemacht.«

Der Urenkel von Franz Held, Enkel des Künstlers John Heartfield, Bob Sondermeyer war vor wenigen Jahren zu Besuch in Bozen. Er sah jene *Kehrseite* am Waltherplatz, die sein Urgroßvater beschrieben hatte, und dass sich der Platz – ob bei Christkindlmarkt oder anderen Veranstaltungen – stets von seiner besten Seite zeigt. Oder eben von der Kehrseite.

29

»Melk-i« bei
Georg Mühlmann
Altenbergweg 3
I-39050 Jenesien
+39 (0)471 354036
www.georgmuehlmann.it

Lungomare Gallery
Rafensteinweg 12
I-39100 Bozen
+39 (0)333 5209930
www.lungomare.org

WENN DAS SITZEN IN DIE BEINE GEHT

Ein *Melk-i*-Schemel bei Georg Mühlmann

Zwischen Bozen und dem Eingang zum Sarntal befindet sich eine kleine Galerie, die den Namen Lungomare trägt. Mit Workshops, Diskussionen und Ausstellungen meldet sich die lose Gruppe um die Designer Angelika Burtscher und Daniele Lupo immer wieder zu Wort und beeinflusst vor allem auf theoretische Weise das mehrsprachige Kulturleben Südtirols. Modernes Kommunikationsdesign ist ihr Steckenpferd und immer wieder lassen die Kulturarbeiter mit spannenden Fragestellungen im Bereich Design, aber auch zum aktuellen Zeitgeschehen aufhorchen. Wer praktisches, handfestes Design sucht, findet einen anderen *kunsTraum* unmittelbar in nächster Nachbarschaft – allerdings einige Hundert Meter über der Bozner Galerie.

Direkt von der Talstation neben der *Lungomare Gallery* geht es mit der Drahtseilbahn ins kleine Bergdorf Jenesien. Hier in seinem Verkaufsraum hatte Georg Mühlmann 2011 den genialen Einfall, einen traditionellen bäuerlichen Gebrauchsgegenstand in ein Design-Objekt zu verwandeln. Was er damals noch nicht wusste, war, dass seine Idee eines an unsere Zeit angepassten Melkschemels berühmt werden und seine Idee mehrfach ausgezeichnet werden würde. Der Stuhl mit dem sinnstiftenden Namen *Melk-i* ist aber nicht nur ein Designerstück, sondern auch ein nachhaltig produzierter Gesundheitsstuhl. Die Harze und ätherischen Öle des Zirbenholzes tragen zudem zu einem verbesserten Raumklima bei.

Das Sitzen auf dem einbeinigen Designerstuhl im eleganten Behälter mag für viele im ersten Moment problematisch erscheinen. Wer sich aber hinsetzt und sich kurz Zeit nimmt, seine Körperhaltung für das persönliche Gleichgewicht richtig einzupendeln, lockert seine Wirbelsäule und stärkt die Lenden- und Beinmuskulatur – sodass man dank dem *Melk-i*-Schemel bei einem erneuten Ausflug von Bozen nach Jenesien getrost auf die Seilbahn verzichten kann.

Wer zwischen Jenesien und Bozen eine Wanderung unternehmen möchte, sollte einen Abstecher zur romantischen Ruine Rafenstein unternehmen. Dort bietet sich ein erhabener Ausblick über Bozen.

30

Die Haderburg, Südtirols südlichste Burg, steht wie ein steinerner Pfeil auf einer spitzen Felskuppe über dem Ort Salurn

Haderburg
Trientstraße 53
I-39040 Salurn
+39 (0)334 7775843
www.zum18tenfass.it

WARUM NICHT?

Haderburg

»Das war der Zwerg Perkeo / Im Heidelberger Schloß, / An Wuchse klein und winzig, / An Durste riesengroß.« So lautet der Anfang eines Liedes über den bekannten Weintrinker Perkeo. Er wurde 1702 in Salurn geboren, der südlichsten Gemeinde Südtirols. Die historisch belegbare Zwergenfigur haben Forscher vor wenigen Jahren aus den Archiven hervorgeholt. Seitdem kommen die Salurner Dorfbewohner nicht mehr zur Ruhe. Warum nicht?

Der kleine Perkeo machte als Außenseiter und Weintrinker Karriere. Als junger Mann arbeitete er als Hofzwerg und später Mundschenk beim Kurfürsten von der Pfalz in Heidelberg. Angeblich war seine Antwort auf die Frage, ob noch ein Glas Wein getrunken werden sollte, stets eine Gegenfrage, die lautete: »Warum nicht?«, im Italienischen »perché no?«. Und daraus schusterten die Heidelberger den Namen Perkeo. Es gibt noch eine weitere Salurner Geschichte, in welcher der Wein, wie bei Perkeo, eine wesentliche Rolle spielt.

Die Märchenbrüder Grimm haben diese unter dem Titel *Der alte Weinkeller bei Salurn* festgehalten und in ihre Sammlung aufgenommen. Darin geht es um einen gewissen Christoph Patzeber, der nach Salurn gegangen war und an den Trümmern der Haderburg vorbeikam. Als er die Ruine näher betrachtete, entdeckte er eine unterirdische Treppe. Er stieg hinunter, erreichte einen Weinkeller mit Fässern und Gefäßen mit Wein und bediente sich. Am Ende aber sah der Weintrinker in seiner Fantasie einen Leichenzug vorbeiziehen, der seinen eigenen Tod ankündigte. Um die erfundene Figur Christoph Patzeber und die belegbare Figur Perkeo ranken sich bis heute viele Erzählversionen.

Nachdem die Betreiber der Hofschänke eine besondere Vorliebe für mittelalterliches Leben pflegen, wird man hier selbst Teil alter und neuer Salurner Weingeschichten! Warum nicht?

Sogar der französische Schriftsteller Victor Hugo (1802–1885) befasste sich nach einem Besuch in Heidelberg mit der Geschichte des trinkfesten Perkeo.

31

Die Auseinandersetzung Mensch–Berg steht in Reinhold Messners größtem Museum im Zentrum. Zudem erfährt man im »Weißen Turm« viel Wissenswertes zur Geschichte des Schlosses.

Messner Mountain Museum im Schloss Sigmundskron
Sigmundskronerstraße 53
I-39100 Bozen
+39 (0)471 631264
www.messner-mountain-museum.it

TIBET AN DER ETSCH

Messner Mountain Museum

Schloss Sigmundskron ist für viele, auch für mich, eine der historisch bedeutendsten Burganlagen des Landes. Hier fand 1957 die größte Protestkundgebung mit rund 30.000 Beteiligten statt. Im Burghof, durch den im Mittelalter der Bischof von Trient schritt, forderten die Südtiroler ein »Los von Trient«. Bis ins neue Jahrtausend hinein fristete die für Südtirols Geschichtsschreibung bedeutende Burg allerdings ein recht anarches Dasein – jeder, der wollte, konnte mit wenig Geschick Schlossherr spielen. Nach vielen Diskussionen und dreijähriger Bauzeit wurde die Burg restauriert, umgebaut und 2006 als Messner Mountain Museum eröffnet. Die dem heiligen Blasius geweihte Burgkapelle im Zentrum des felsigen Schlosshofs ist für die Besucher allerdings verboten: Der Ausstellungsparcours führt um sie herum.

Nach der Philosophie Reinhold Messners steht sie sinngemäß für den Gipfel Kailash, den heiligsten Berg Tibets, der aus religiöser Rücksicht noch nie bestiegen wurde. Zwar hatte Messner selbst 1985 eine Genehmigung erhalten, er verzichtete aber und strickte hier, in seinem Museum, die Geschichte vom unerreichbaren Gipfel weiter.

Bevor im Schloss ein Museum und Reinhold Messner einzogen, war es mir in vormusealen Zeiten zum Glück mehrmals möglich, den heute geschlossenen Burghügel zu besteigen. Zigarettenrauchend habe ich neben der St.-Blasius-Kapelle unzählige Rauchwolken in den Wind geblasen, mich mit meinen Freunden wegen unnötiger Dinge gestritten und mit ihnen anschließend die Friedenspfeife geraucht – ohne dass wir wussten, dass der heilige Blasius der Schutzheilige der Burgkapelle, aber auch für Halskranke ist.

Vom zentralen Burgfelsen aus habe ich bis nach Meran gesehen und tief hinein ins Eisacktal geblickt. Hoch oben am Burgfelsen umgab mich die Bergwelt, verboten schön.

Schloss Sigmundskron ist auch ein wichtiges politisches Symbol. 1957 protestierten hier 30.000 Teilnehmer gegen die Nichteinhaltung des Pariser Abkommens.

32

Radweg Überetsch
Startpunkt: Parkplatz
Schloss Sigmundskron
Sigmundskronerstraße 53
I-39100 Bozen
www.weinstrasse.com

Ziel: Weinstraße
I-3952 Kaltern

»Nun ist er fort, der kleine Zug …«

Radweg Überetsch

Der Schriftsteller Arthur Schnitzler (1862–1931) war ein fanatischer Radfahrer, der sich auch von den gebirgigen Wegen Südtirols nicht abschrecken ließ – etwa bei seiner Radfahrt ins Überetsch und auf den Mendelpass. Damals fuhr noch ein kleiner Zug ins Überetsch, dessen Bahntrasse heute als Fahrradweg dient und sich von Bozen aus entlang hübscher Weinberge und Apfelbäume bis nach Kaltern schlängelt.

Im Sommer 1908 verliebte sich der Dichter Christian Morgenstern (1871–1914) auf einer Zugfahrt in der Überetscher Bahn unsterblich in seine spätere Frau Margareta Gosebruch von Liechtenstern. Im Gedicht *Überetsch* hat Morgenstern diesem Flecken Landschaft und der alten Bahn ein Denkmal gesetzt.

Heute strampeln Radfahrer auf einem der schönsten Fahrradwege Südtirols ab Bozen den Talferfluss entlang in Richtung einer markanten Felskuppe, auf welcher das mächtige Schloss Sigmundskron thront. Entlang des Warthtales geht es dahin, mal leicht ansteigend, kurvenreich, durch alte Bahntunnel oder über die eine oder andere Brücke. An mehreren Stellen des Fahrradweges bietet es sich an, in die Weindörfer St. Pauls, Girlan oder St. Michael abzuzweigen und in einer der vielen Weinkellereien ein gutes Glas Wein zu genießen – bis es weitergeht, flach und geradewegs nach Kaltern.

Der Rückweg nach Bozen, etwa ab 16 Uhr mit der leichten Gardasee-Brise im Rücken, ist schonender für die Beine und lohnender für den Geist, denn im gemütlichen Tempo der einstigen Dampflok geht es vom Überetsch wieder hinab nach Bozen. Für die Fahrradtour, die keine drei Stunden reine Fahrzeit in Anspruch nimmt, braucht es lediglich etwas Zeit und eine Muse, um wie einst Morgenstern und seine Margareta die vorbeiziehende Landschaft in vollen Zügen zu genießen.

Der Fahrradweg ins Überetsch hat eine Gesamtlänge von 14 Kilometern. Neben der Radtrasse gibt es immer wieder kleine Raststationen und Trinkbrunnen.

ESS- UND TRINKGEWOHNHEITEN

Die Südtiroler Küche ist im Grunde ein Sammelsurium aus Speisen zweier Kulturräume. Hier finden sich auf den Speisekarten neben verschiedenen Knödelgerichten und klassischem Tiroler Erdäpflgröstl (gebratene Kartoffeln in der Pfanne), auch italienische Pizza und Nudelgerichte. Vermehrt stehen regionale Produkte und bewusstes Essen im Vordergrund.

Wer sich eine Speisekarte um 1900 vor Augen hält, wird feststellen, dass die Menschen damals noch gerne geröstete Leber und Nieren, Rahmschnitzel, Kaiserfleisch mit Kraut und andere fette Speisen zu sich nahmen. Das findet man heute kaum mehr. Zwei kulinarische Eigen- und Gepflogenheiten haben in Südtirol aber weiterhin traditionellen Bestand. So laden Bauern und Gastbetriebe immer noch gerne zu Mahlzeiten, die Namen wie *Marende* oder *Törggelen* tragen. Hierbei handelt es sich um tatsächlich echte alpine Hausmannskost, die auch im Weinkeller besser schmeckt als in einem schmucken Designer-Lokal. Als Marende

wird hierzulande eine Zwischenmahlzeit bezeichnet, die aus einer bescheidenen Speckplatte mit etwas Käse und Schüttelbrot besteht und je nach Hungergefühl zwischen 16 und 17 Uhr zu sich genommen wird. Törggelen nennt sich hingegen die herbstliche Schlemmerschlacht während der Kastanienzeit. Die Buschenschänke und Jausenstationen servieren Knödel, Kraut- und Fleischplatten, sowie ihren »Neuen« (Wein).

Zwei neuartige Kreationen genießen seit einigen Jahren größte Aufmerksamkeit – beispielsweise das *Kastanienherz,* eine Süßspeise aus Edelkastanien, in Schokolade gegossen. Oder der *Hugo,* wie die Südtiroler ihren alkoholhaltigen Cocktail nennen, der mittlerweile auch international Anklang findet. Mit etwas Sekt, Mineralwasser, Holundersirup, Minze und Zitrone handelt es sich um ein Erfrischungsgetränk für warme Sommertage. Prost!

33

Manchmal dient der Schlosshof von Rametz sogar als Ausstellungsraum für Skulpturen

Schloss Rametz
Labersstraße 4
I-39012 Meran
+39 (0)473 211011
www.rametz.com

ALKOHOLTEST UND YOGA

Schloss Rametz

Schloss Rametz bei Meran wurde im 13. Jahrhundert erbaut und bereits aus dieser Zeit stammen auch die ersten Erwähnungen zur Weinkultur an diesem Platz. Die ersten Schlossherren waren die Grafen von Ulten, im 14. und 15. Jahrhundert folgen die Herren von Rametz, die dem Gebäudekomplex bis heute seinen Namen geben. 1860 pflanzte man hier sogar die erste Blauburgunder-Rebe Südtirols und wartete darauf, wie der Wein dieser Traube wohl schmecken würde. Heute ist auf mehrere Schlossräume verteilt ein Weinbaumuseum mit altertümlichen Arbeitsgeräten untergebracht.

Es ist bekannt, dass zu viel des guten Weines die saubere Aussprache beeinträchtigt. Hier auf Schloss Rametz kann man nach einer Weinverkostung den Selbstversuch wagen, indem man versucht, den Namen des österreichischen Schriftstellers und Zeichners Fritz von Herzmanovsky-Orlando (1877–1954) fehlerfrei über seine Lippen zu bringen. Herzmanovsky-Orlando, ein guter Freund des Künstlers Alfred Kubin, verbrachte viele Jahre seines Lebens in Meran und wohnte ab 1949 im Schloss Rametz. In seinen Zeichnungen verwob er seine fantastischen Gedanken mit dem geübten Strich des Architekten zu einer erstaunlichen Welt, in der das weibliche Geschlecht den Ton angibt. Auch in seinen Texten fantasierte er über mystische Traumländer, verfolgte am liebsten esoterisch angehauchte, pseudowissenschaftliche Strömungen und beschrieb sogar die »saligen Frauen« aus Tirol, die bei ihm überraschend als Yoga-Mädchen wiederkehren.

Ein wenig Wein und ein paar Gedanken an den alten Schlossgeist Herzmanovsky-Orlando müssen genügen, um, wie der Künstler selbst, zum Genießer und Lustwandler einer skurrilen Figurenwelt zu werden – die hier als »herzmanovskisch« beschrieben wird. Auch dieses Wort sollte man nach etwas Wein, in angeheitertem Zustand versuchen. Gutes Gelingen!

Die kostenpflichtige Weinführung dauert 90 Minuten. Neben dem Wein können auch der sogenannte Kaiserspeck und andere typische Südtiroler Produkte verkostet werden.

34

Seit 2010 können Besucher auf dem Weinweg die Terlaner Landschaft und Weingeschichte erkunden. Start und Ziel ist beim Kellereigebäude Terlan.

Kellerei Terlan
Silberleitenweg 7
I-39018 Terlan
+39 (0)471 257135
www.cantina-terlano.com

GUTER ODER BÖSER WEIN?

Kellerei

Die Figur des Dr. Mabuse, dem bis heute legendären Verbrechergenie mit seinen vielen Gesichtern, entspringt der fantasiereichen Vorstellung des luxemburgischen Schriftstellers Norbert Jacques (1880–1954). Bereits die frühen Mabuse-Verfilmungen aus den 1920er-Jahren lassen den Psychoanalytiker mit hypnotischen Fähigkeiten zum Weltstar werden. Norbert Jacques gestand in seinen autobiografischen Aufzeichnungen, dass bei der Ideenfindung des Mabuse Terlaner Weißwein und Magdalener Rotwein eine wesentliche Rolle spielten.

Er erinnert sich an die Tage im Gasthaus *Bad Diezlings* bei Lindau am Bodensee, als er sich in einer »Phantasia« für die einseitig böse Seite des Mabuse entschied. Jacques schrieb den Roman in nur 20 Tagen und ließ es sich nach der Arbeit wohl ordentlich gut gehen. So soll er die Nächte hindurch mit den Einheimischen gezecht haben: Viel Terlaner und Magdalener in Kombination mit beschwingter Musik sorgte für ausgelassene Stimmung.

Der weiße Terlaner wurde von vielen Künstlern beschrieben und besungen, aber dass er neben dem roten Magdalener einen Dr. Mabuse entstehen ließ, gleicht einer Sensation – auch wenn man beide Weine nie durcheinander trinken sollte!

Der Terlaner ist heute eine Komposition aus den drei traditionellen Terlaner Weißweinsorten: Weißburgunder, Chardonnay und Sauvignon – eine Mischung, die im Original sehr genießbar ist. Es ist immer ratsam, bei einer Weinsorte zu bleiben. Wer es aber dennoch vorzieht, in stetigem Wechsel Magdalener und Terlaner zu trinken, um fatale Dr. Mabuse-Erscheinungen anhand eines Selbstversuchs durchzuführen, dem kann wirklich nicht geholfen werden.

Bekannt ist Terlan auch für die vorzügliche Terlaner Weinsuppe und natürlich für den Terlaner Spargel. Zur Spargelzeit kann man das frische Gemüse gleich neben dem Kellereigebäude erwerben.

35

Der Museion-Glaskubus ist 54 Meter lang, 25 Meter hoch und 23 Meter breit. An der östlichen Stirnseite befindet sich das Café mit Blick auf das geschwungene Brückenpaar über den Talferfluss.

Café Museion
Dantestraße 6b
I-39100 Bozen
+39 (0)340 2937920
www.museion.it

NUDELAUFLAUF UND FROSCHSCHENKEL

Café Museion

»Einmal Nudelauflauf, bitte!«, würde der Künstler Martin Kippenberger (1953–1997) sagen, wenn er noch leben – und am Tisch des Café Museion in Bozen sitzen würde. Hier gibt es feine Vorspeisengerichte und jede Menge Nudeln. Leider kann Kippenberger weder die einzigartige Küche noch konnte er den Rummel miterleben, den sein Kunstwerk mit dem Titel *Zuerst die Füße* in Bozen ausgelöst hat. Die Arbeit – sie stellt in ironischer Weise den Künstler selbst dar – zeigt einen gekreuzigten Frosch, der in der einen Hand ein Bier und in der anderen ein Ei trägt. Das Kunstwerk Kippenbergers führte nach einer Medienkampagne zu einem politischen und religiösen Sturm der Entrüstung. Sogar Papst Benedikt XVI. meldete sich und stellte besorgt fest, dass der gekreuzigte Frosch die religiösen Gefühle vieler Menschen verletze. Die Geschichte um den Kippenberger-Frosch war für das neu errichtete Museion, das Museum für zeitgenössische Kunst, ein Wermutstropfen mit Nachwirkung. Man saß im neuen Glashaus, wollte zeitgenössische Kunst in die Öffentlichkeit »werfen« und wurde für die Arbeit beinahe gesteinigt. Mittlerweile haben sich die aufgebrachten Christen wieder zurückgezogen, die Kirche hat einen neuen Papst und das Frosch-Motiv taugt sogar als coole Tätowierung bei jungen Kunstliebhabern.

Nudelliebhaber wie ich sitzen vor dem Museion, schauen am besten über die geschwungene Fußgänger- und Fahrradbrücke und die Häuser hinweg in die Berge und summen den Nudel-Refrain des von Martin Kippenberger gesungenen Liedes *Yuppi Du* vor sich hin. Wäre Kippenberger noch am Leben, würde er sich wohl am meisten darüber freuen, dass die Südtiroler seiner Kunst im Jahr 2018 wieder Einlass ins Museum gewährten.

Der Popsong *Yuppi Du* stammt aus dem Jahr 1984. Martin Kippenberger ironisiert darin den oberflächlichen Yuppie-Lebenstil.

Goldene Vergangenheit und Zukunft?

Apfelsorte Golden Delicious

Gemäß einer griechischen Überlieferung muss der Königssohn Paris aus Troja bei einem Hochzeitsmahl unter den anwesenden Frauen die schönste auswählen und ihr einen goldenen Apfel reichen. Der Apfel, als Symbol und Beigabe für Schönheit, findet sich auch in anderen Kulturräumen. Goldene Äpfel haben eben einen besonderen Reiz!

Im ausgehenden 17. Jahrhundert wurde die Stadt Wien vom türkischen Sultan Mehmed IV. als »Goldener Apfel« bezeichnet – die Frucht ist ein Mythos in der türkischen Geschichte und beschwört bis ins 18. Jahrhundert hinein den Eroberungswillen des Osmanischen Reiches. 1890 kommt erneut ein goldener Apfel ins Gerede – es ist ein Zufallssämling aus dem amerikanischen West Virginia.

Der neu entdeckte Golden Delicious wurde im deutschsprachigen Raum zunächst als »Gelber Köstlicher« bezeichnet. In Südtirol wird der Apfelname umgangssprachlich verkürzt als »Gold« oder »Golden« bezeichnet. Er zählt zur wichtigsten Apfelsorte in Südtirol und im Welthandel und eignet sich für den Verzehr direkt vom Markt in den Mund. Mit seiner charakteristischen gelben Farbe und dem leichten roten Schimmer an der Sonnenseite zählt der »Golden« zu den saftig-süßen und aromatischen Äpfeln. Es ist auch erstaunlich, wie viel Golden-Delicious-Anteile in anderen beliebten Apfelsorten stecken, wohl da diese Sorte eine feine Fruchtsäure und einen hohen Zuckergehalt besitzt. Neben dem Verzehr als Tafelobst wird der Apfel auch gerne für das Apfelgetränk Adam verwendet. Beim Saft mit der goldenen Farbe und dem biblischen Namen handelt es sich um ein koffeinhaltiges Erfrischungsgetränk mit Apfelsaftgeschmack. Beigemengt werden ein Konzentrat aus Zitronensaft sowie Extrakte aus Lakritze, Mate und Zitrusfrüchten.

»Power vom Bauer!«, lautet die Devise und so ist Adam zwar keineswegs ein Energy-Drink im klassischen Sinn, aber immerhin ein Muntermacher, der Lust auf den goldenen Äpfel macht!

Mit Lb 8000 besitzt der Extrembergsteiger Reinhold Messner eine eigene Apfelsorte. Sie wurde im Versuchszentrum Laimburg gezüchtet.

36

Säfte aus **Jonagold oder Elstar** gibt es bei
Kohl Bergapfelsäfte
Hauptstraße 35
I-39054 Unterinn am Ritten
+39 (0)471 359442
www.kohl.bz.it

TRINKBAR

Apfelsorten Jonagold und Elstar

Die Äpfel Jonagold und Elstar gehören zu Südtirols wichtigsten Apfelsorten. Beide haben ihren Ursprung in einer Züchtung – jeweils mit dem Apfel Golden Delicious. Die ältere der beiden Sorten ist der Jonagold aus dem Jahr 1943. Er ist eine Kreuzung zwischen Golden Delicious und der alten Jonathan-Sorte, die schon Anfang des 19. Jahrhunderts beschrieben wurde. Beim Jonagold handelt es sich um einen leicht länglichen, gelb-rotorangen gestreiften Apfel mit einem ausgewogenen Zucker-Säure-Verhältnis. Geerntet wird er Mitte September. Etwas früher reift hingegen der Elstar, eine Kreuzung aus Golden Delicious und des alten Apfels Ingrid Marie, der von der Insel Fünen im Süden Dänemarks stammt. Der Elstar wurde 1955 in den Niederlanden gezüchtet und zählt zu den meistangebauten Apfelsorten Deutschlands. Die konische, hellrote, leicht gelb gemusterte Frucht ist saftig und sehr aromatisch.

Die »goldenen« Kreuzungen Jonagold und Elstar kann man auch als edle Gourmet-Bergapfelsäfte vom Obsthof Troidner am Ritten zu sich nehmen. Hier entstehen unter der Marke Kohl auf über 900 Metern Meereshöhe sechs sortenreine Säfte. Neben Elstar- und Jonagold-Säften werden die ebenfalls mit dem Golden Delicious verwandten Äpfel Pinova und Rubinette angeboten.

Unter dem Markennamen *S'Pom* vertreibt der gleiche Hof das überaus erfolgreiche Produkt eines Apfelschaumweins, also ein Cidre, dessen Geschmack eher an Trauben als an Äpfel erinnert. Das Wort *S'Pom* ist wie so viele Äpfel ebenfalls eine Kreuzung: Es setzt sich aus dem französischen Wort »pomme« (Apfel) und dem italienischen »spumante« (Schaumwein) zusammen. Zwar ist der häufig verwendete Begriff Apfelsekt rechtlich nicht zulässig, doch diese Begriffszensur konnte den Siegeszug des *S'Pom* nicht aufhalten. Wer ohne 6,5 Prozent Alkoholgehalt im Apfel-Cidre auskommen möchte, kann gerne alkoholfreien Apfelsaft wählen. Nur die Auswahl macht es nicht immer einfach.

37

Im Batzenhäusl trafen sich einst Künstler beim Magdalenerwein. Heute verfügt das Lokal über ein eigenes Sudwerk und natürlich eigenes Batzenbier.

Batzenhäusl
Andreas-Hofer-Straße 30
I-39100 Bozen
+39 (0)471 050950
www.batzen.it

ENDLICH WIEDER KÜNSTLERTREFF!

Batzenhäusl

»Grad aus dem Batzenhäusl komm ich heraus / O Bozen, wie wunderlich siehst du mir aus / Rechter Hand, linker Hand alles vertauscht / Bozen / – ich merk es wohl – Du bist berauscht!«, lautet einer der vielen Trinksprüche eines unbekannten Dichters, der seine Worte mit etwas Wein und Geist zu Reimen zusammengebraut hat. Heute wird im Batzenhäusl vor allem Bier gebraut, das die Gäste im modern angelegten Biergarten genießen. Dabei erlangte das Batzenhäusl vor allem als Weinschänke mit Behausung ab der Mitte des 19. Jahrhunderts große Bekanntheit. Namensgeber war der Batzen, eine alte Währung aus dem 15. Jahrhundert.

Ab den 1880er-Jahren übernahmen der brillante Wirt Engelbert Trebo und seine Frau Maria die Führung im Batzenhäusl und lösten die nahe Gaststätte *Zur Löwengrube* als Künstlertreffpunkt ab. Dem Ehepaar gelang es in knapp drei Jahrzehnten, das Batzenhäusl international so bekannt zu machen, dass sogar der Literaturnobelpreisträger Paul Heyse (1830–1914) für seinen Bozner Lieblingsplatz folgende Worte fand: »Das sei mein Stadtquartier, ist kein alltäglich Beisel…«

Am 28. März 1944 wurde das Batzenhäusl durch einen Bombenhagel schwer beschädigt und ein Großteil der von den Künstlern gespendeten Bilder, Zeichnungen und Schriften ging verloren. 1953 erfolgte der Wiederaufbau des beliebten Treffpunkts und vor wenigen Jahren wurde das Batzenhäusl erneut umgebaut und saniert.

Mit einer Kleinkunstbühne in den Kellerräumen etablierte sich das Batzenhäusl wieder zu einem Künstlertreffpunkt. Hier finden Konzerte aller Musikgenres statt, aber auch Kabarettveranstaltungen, Theater und Poesie-Wettkämpfe: »Trinkt, dass euch die Nase glänzt, hell wie ein Karfunkel, dass ihr eine Leuchte habt in des Daseins Dunkel.«

Der Begriff Batzen findet sich sogar im Märchen *Hänsel und Gretel* der Gebrüder Grimm: »Und als der volle Mond aufgestiegen war, so nahm Hänsel sein Schwesterchen an der Hand und ging den Kieselsteinen nach, die schimmerten wie neu geschlagene Batzen und zeigten ihnen den Weg.«

38

In der »Krone« sollte man zur Aprikosenzeit unbedingt mehrere Marillendesserts versuchen

Gasthaus Zur Krone
Hauptplatz 10
I-39023 Laas
+39 (0)473 626117
www.krone-laas.it

MARMOR, MARILLEN UND LITERATUR

Gasthaus Zur Krone

Im Spätherbst 1998 wurde der Schriftsteller Franz Tumler zu Grabe getragen. Ein Leben lang hatte er eine Heimat gesucht, bis er auf dem Waldfriedhof Berlins endgültig einen festen Platz fand. Den Grabstein aus weißem Marmor brachten Freunde des Autors aus der Vinschgauer Gemeinde Laas, jenem Ort, den der Autor Zeit seines Lebens immer wieder besuchte. Bei seinen Aufenthalten in Südtirol kehrte der Schriftsteller gerne im Gasthaus *Zur Krone* ein, das sich am schönen, mit weißen Marmorsteinen dekorierten Dorfplatz befindet. Ein Abstecher in den heimeligen Landgasthof empfiehlt sich eigentlich immer, wie auch eine beschauliche Dorfrunde – vorbei an den Laaser Marmorwerken oder an der gelungen restaurierten romanischen St.-Markus-Kirche.

In Laas finden sich immer neue Ecken und freundliche Menschen, die einem gern Auskunft über die marmorreiche Gegend erteilen. Im Ort befindet sich auch eine hochmoderne internationale Schule für den Steinmetzberuf.

In Gedenken an den Schriftsteller Franz Tumler wird in Laas im Zweijahresrhythmus ein Literaturpreis für den besten Erstlingsroman vergeben. Tumler selbst legte 1935, mit nur 23 Jahren, seine Erzählung *Das Tal von Lausa und Duron* in Buchform vor – in der er die mehrsprachige Südtiroler Realität literarisch einarbeitete. Das Buch wurde zum Erfolg und Tumler ein gefeierter Star. Leider erkannten auch die Nationalsozialisten das Talent des jungen Schreibers, organisierten Lesungen und förderten – vor allem finanziell – seinen Willen zum Schreiben und Veröffentlichen. Ab den 1950er-Jahren beschritt Tumler neue Wege und veröffentlichte mit einem vollkommen neuen Sprach- und Erzählstil bei Suhrkamp oder las auf Einladung der *Gruppe 47*. In Laas ist man bis heute stolz auf Tumlers Schaffen – wenn auch nicht auf alle Bücher, die er geschrieben hat.

Ein beeindruckendes landschaftliches Zeugnis für den Marmorabbau ist die weithin sichtbare Schrägbahn, welche die großen Marmorblöcke knappe 900 Höhenmeter hinunterbefördert.

39

Kunst im Café, Kunst in der Peripherie, Kunst an der Grenze! Der Kunstraum Mitterhofer in Innichen erfüllt mehrere Kriterien auf einladende Art und Weise.

Kunstraum Café Mitterhofer
Peter-Paul-Rainer-Straße 4
I-39038 Innichen
+39 (0)474 913259
www.kunstraum-mitterhofer.it

KUNSTRAUM AN DER GRENZE

Café Mitterhofer

»Früher war das hier ein Sportcafé, mittlerweile hat sich der Schwerpunkt des Cafés auf Kunst und Kultur verlagert«, wissen die Einheimischen zu berichten, wenn ich sie nach den Anfängen des *Kunstraum Café Mitterhofer* frage. Sportlich war vor allem die Leistung von Manfred Mitterhofer, dem Gründer und Betreiber des Kunstraums, hier in der Peripherie einen Platz für Kunst zu schaffen. Als Kurator der hauseigenen Ausstellungen ist es ihm ohne öffentliche Fördergelder geglückt, seit 1993 über 100 Ausstellungen – vorzugsweise im Bereich Fotografie – auf die Beine zu stellen und Besucher aus Österreich und Italien nach Innichen zu locken. Heute ist der Kunstraum Café Mitterhofer nicht nur ein beliebter Treffpunkt im Dorf, sondern auch Dreh- und Angelpunkt für Kunstinteressierte abseits der Großstadt.

Die Marktgemeinde Innichen liegt im äußeren Pustertal und grenzt im Norden und Osten an Österreich. Hier verlief einst die Grenze zwischen der ethnischen Gruppe der Windischen (Slowenen) und den Bajuwaren, was sich vor allem in der Klamm, einem kleinen Tal bei Innichen, bis heute ablesen lässt. So haben die Bauern östlich des kleinen Tales ihre Höfe mit der Stirnseite zum Tal gebaut, während jene westlich der Klamm mit der Traufseite zum Tal gebaut wurden. Ein weiteres Indiz für die slawische Besiedlung ist die Verwendung der sogenannten Harpfen zum Trocknen der Garben.

Welche bedeutende strategische wie wirtschaftlich einflussreiche Rolle Innichen zwischen Osten und Westen im Lauf der Geschichte einmal gespielt haben mag, lässt sich heute nur mehr erahnen. Ein Ort an der Grenze ist Innichen immer noch. Die Gemeinde ist eine Drehscheibe für zeitgenössische Kultur auf dem Land – insbesondere für Fotografie aus allen vier Himmelsrichtungen!

Eine gemütliche Radwandertour führt von Innichen nach Lienz in Osttirol. Die 44 Kilometer sind ohne große Anstrengung zu bewältigen. Retour fährt man am besten mit dem Zug.

40

Kunstvoll gefertigte Backwaren, umhüllt von Blumenduft! Wer durch die Brunecker Stadtgasse schlendert, sollte hier unbedingt Halt machen und sich was Süßes gönnen.

Blumenpatisserie Acherer
Stadtgasse 8
I-39031 Bruneck
+39 (0)474 410030
www.acherer.com

DIE SACHER VOM ACHERER

Blumenpatisserie Acherer

»Das Leben ist zu kurz, um schlechte Schokolade zu essen!« Für dieses wackere Motto hat sich der Konditor Andreas Acherer entschieden und bietet in seinem Laden in der Brunecker Altstadt feinste Süßwaren in ästhetisch einwandfreiem Kleid. Nach dem Abitur hat er sich in Wien zum Konditor ausbilden lassen, zog in die Welt und nahm nur die besten Rezepte wieder mit zurück nach Bruneck. Hier eröffnete er mit seiner Frau vor wenigen Jahren eine Patisserie samt Blumengeschäft.

Die Geruchsmischung aus wohlriechenden Blumen und frischer Schokolade ist äußerst einladend – die Liste der angebotenen Süßwaren ebenfalls. Hier gibt es geometrisch fein geformte Schokoladen und Pralinen mit allen erdenklichen Zutaten – etwa eine Flower-Power-Schokolade, die sich aus Zartbitterschokolade mit einem Gemisch aus Sonnenblumen-, Ringelblumen- und Kornblumenblüten zusammensetzt. Vorzüglich schmecken auch die verschiedenen Pralinen, vom Sesam- bis zum Champagnergeschmack, aber auch die vielen bunten Fingerfood-tauglichen Macarons, sowie die hausgemachten Konfitüren, das Gebäck und die Torten. Natürlich darf neben dem Südtiroler Apfelstrudel die Sacher aus Wien nicht fehlen – Acherer macht die beste weit und breit!

Vom Geheimnis der Sachertorte war auch ein anderer Brunecker angetan, sodass er kurzerhand seine Filmfirma und sein Arthouse-Kino in Rom auf den Namen »Sacher« taufte. Der italienische Starregisseur Nanni Moretti erblickte 1953 in Bruneck das Licht der Welt – im Sommerurlaub seiner Eltern. Mit einigen international erfolgreichen Filmen schaffte er es auf zahlreiche Festivals und in die europäischen Kinos. Vielleicht kommt dem Sacher-Fan einmal der gute Ruf des Konditors Acherer und dessen Sacher aus Morettis Geburtsstadt zu Ohren. Es wäre sicher eine köstliche Filmszene, wenn der engagierte Brunecker Konditor dem großen Nanni Moretti eine Sacher reicht.

Acherers Spezialitäten gibt es auch in Bozen. Täglich frisch.

41

Wallfahrt oder Wellness? Das kleine Maria Saalen vereint beides.

Maria Saalen
Saalen 4
I-39030 St. Lorenzen
+39 (0)474 403147
www.saalerwirt.com

Ferienwohung Pirchner
Saalen 8
I-39030 St. Lorenzen
+39 (0)474 403192
www.pirchner.it

ALLER GUTEN DINGE SIND DREI

Maria Saalen

Südwestlich von Bruneck, dort wo die Straße ins Gadertal führt, liegt die Gemeinde St. Lorenzen. Ringsherum verteilen sich mehrere Dörfer und Weiler und der kleine Wallfahrtsort Maria Saalen mit seiner kleinen, 1653 erbauten Kirche. Sie ist innerhalb des kleinen Fleckens eine von drei Sehenswürdigkeiten, weshalb es sich auf jeden Fall bezahlt macht, die wenigen Kilometer von Bruneck hierher zu fahren.

Bereits seit dem 13. Jahrhundert steht einen Steinwurf neben der Wallfahrtskirche ein Bauernhof, der seit über 400 Jahren neben Haustieren auch Gäste unterbringt. Das Rezept des Saalerwirts für zufriedene Wallfahrer, Reisende und Einheimische ist denkbar einfach, fußt es doch auf dem Prinzip ausdrücklicher Natürlichkeit. Von der lauschigen Holzveranda aus hat man nicht nur einen feinen Blick in den eigenen Speiseteller, sondern vor allem auf die landschaftlich reizvolle Gegend der alten Römerstation Sebatum.

Nach dem Essen bietet es sich an, einen kleinen Spaziergang zu einem dritten historischen Bauwerk zu unternehmen, denn nur wenige Gehminuten von der Wallfahrtskirche und vom Saalerwirt entfernt liegt der architektonisch rundum klug erneuerte Pirchnerhof. Zwar wollten die Bauherren das alte Gebäude dem Erdboden gleichmachen, aber die Landschaftsschutzkommission trotzte diesem Vorhaben und so blieben die alten Grundmauern des herrlich in einer Mulde gelegenen Gehöfts im Original erhalten. Traditionelle Architektur wurde hier nicht nur modern interpretiert, sondern auch weitergedacht. Die Außen- und Innengestaltung im neuen Auf- und Zubau folgt frischen architektonischen Linien längs des ganzen Baukörpers – die sich aus dem neu sanierten Altbestand erschließen. Die Weilerbesichtigung endet wieder beim Ausgangspunkt Saalerwirt, vielleicht bei einem guten Happen aus der Slow-Food-Küche.

Nur drei Kilometer vom Saalerwirt liegt die Sprachgrenze zwischen den deutschen und ladinischen Siedlungsgebieten. Der Pfaffenberger Bach, beim Gschliererhof, bildet die Grenzlinie.

Apple & Music

Apfelsorte Granny Smith

Der Granny Smith, in Südtirol als »Grünschmied« oder »Granny« bezeichnet, ist ein Kultapfel schlechthin. Die Form dieser Sorte dient seit Jahrzehnten als Logo der Firma *Apple Records* – gegründet Ende der 1960er-Jahre als Plattenlabel der Beatles. Der erste Tonträger der Band, der auf ihrem eigenen Apple-Label erschien, war die Single *Hey Jude* im August 1968. Neben den *Apple Records* entstanden andere Firmen, die den Namen Apple beibehielten – etwa *Apple Films, Apple Electronics* oder *Apple Music.* Es gab sogar eine *Apple Boutique* in der Londoner Baker Street, die Hippie-Mode verkaufte.

Genau 100 Jahre vor der Erstauskoppelung des Beatles-Songs auf ihrem eigenen Label beginnt die Geschichte des namengebenden Apfels, dessen erste Früchte ab 1868 bekannt wurden. Beim Granny Smith handelt sich um einen australischen Zufallssämling aus Eastwood bei Sydney, den Maria Ann Smith entdeckt. Zwei Jahrzehnte später wird die Sorte erstmals unter dem Namen *Granny Smith's seedling* (Großmutter Smiths Sämling) vorgestellt. 1935 kommt die Sorte erstmals nach England und verbreitet sich ab 1950 in Mitteleuropa. Seit 1985 findet im australischen Eastwood, stets am dritten Oktoberwochenende, das *Granny Smith Festival* mit Musik und verschiedenen Attraktionen statt – zu Ehren der Entdeckerin.

Der Apfel selbst ist reich an Magnesium, ein Energiespender, daher auch perfekt für Sportler und zur Stärkung des Gedächtnisses. Auffallend ist sein glänzendes Grün und natürlich seine Form. Der Geschmack des Apfels eignet sich auch für eine besondere Mischung des alkoholhaltigen Apfelgetränks *hoila* – der Name ist in Südtirol übrigens eine gängige Begrüßungsformel. *hoila* wurde mit der renommierten Heriot Watt Universität in Schottland in Zusammenarbeit mit Südtiroler Apfelbauern entwickelt. Von den vielen beigemengten Apfelsorten ist der Saft des Granny Smith der wichtigste Bestandteil. Der Rest bleibt ein Geheimnis.

42

»Nada más« – »Nichts mehr!« lautet hier das Motto, vor allem dann, wenn zur Sperrstunde noch nach Getränken gefragt wird

Nadamas
Obstplatz 44
I-39100 Bozen
+39 (0)471 980684

ZEIT FÜR SPAGHETTI

Restaurant und Bar *Nadamas* am Bozner Obstmarkt

Was ist das Wesen von Zeit? Fürwahr eine philosophische und gleichzeitig physikalische Frage, wobei meine Antworten zu derart komplexen Gedankengängen von Momo stammen, dem Mädchen aus dem Zeitroman von Michael Ende. In der Trattoria am oberen Obstmarkt mit dem angenehmsten Tresen Bozens werden die Besucher jedenfalls um ihre Zeit betrogen, da sie hier ihre mitgebrachte Zeit vergessen! Das wusste auch Peter Martell, der als Grauer Herr Agent XYQ/384/b in der Literaturverfilmung *Momo* mitspielte und bis zu seinem Tod 2010 viel Zeit am Nadamas-Tresen verbracht hat.

Der in Bozen geborene Schauspieler kam in jungen Jahren als Stuntman zum Film und avancierte bald zum Westernhelden. Mit vielen anderen hat er das Genre Italo- oder Spaghettiwestern mitgeprägt und »Saloon-fähig« gemacht. Seine Filmkarriere scheiterte aber am Film *Dio perdona … io no!*, der im deutschen Sprachraum unter dem Titel *Gott vergibt … Django nie!* bekannt wurde. Martell war nämlich neben Bud Spencer für die Hauptrolle vorgesehen, musste aber wegen einer Verletzung absagen. Die Rolle übernahm ein gewisser Mario Girotti, der sich später Terence Hill nannte. Während Hills Bekanntheitsgrad rasant emporschnellte, blieb Peter Martell auf der Karriereleiter stecken. Es folgten einige gelungene und einige weniger gelungene Westernverfilmungen, sowie ein Auftritt als Grauer Herr bei Momo.

Nur den schnellsten gelingt es am langen Tresen im Nadamas, einen der vielen Barhocker zu ergattern, um vielleicht auf jenem Stuhl zu sitzen, auf welchem Agent XYQ/384/b bis vor wenigen Jahren seine Zeit totschlug. Das einfachste und traditionellste Gericht auf der Speisekarte nennt sich übrigens *Spaghetti alla chitarra* (mit Pomodoro) – für einen Hauch Spaghettiwestern in einer Kneipe, die ansonsten überhaupt nichts mit Western am Hut hat.

Das Nadamas ist seit eh und je Bozens Multikulti-Kneipe – Sprachzugehörigkeit und Gesellschaftsschicht sind hier völlig egal.

48

Das »Caffè Darling« in Meran ist seit jeher ein beliebter Ort, wo auch nach Herzenslust in verschiedenen Zeitungen geschmökert werden kann

Caffè Darling
Winterpromenade 9
I - 39012 Meran
+39 (0)473 237221
https://cafedarling.business.site

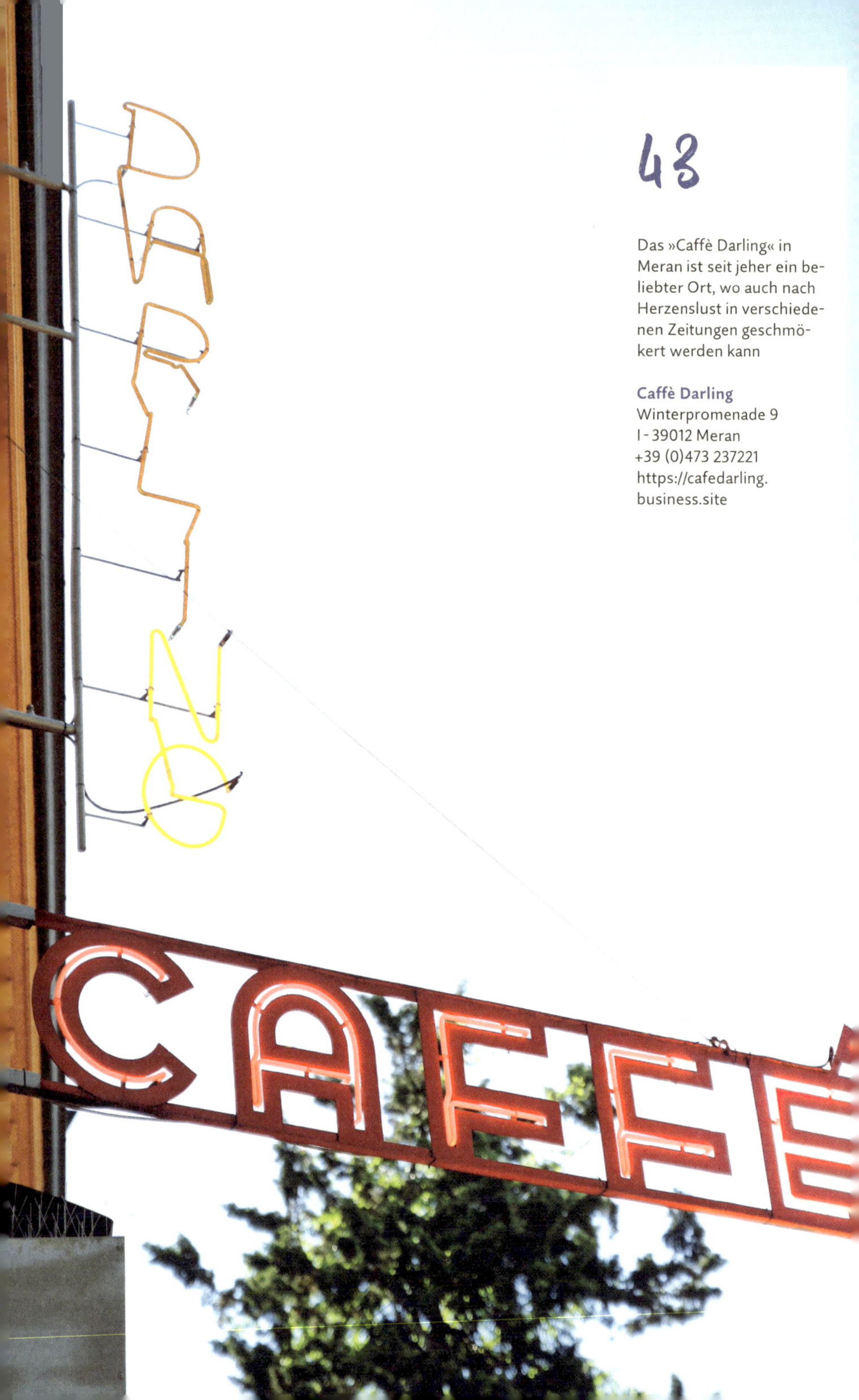

KINO IM KOPF

Caffè Darling

Das *Caffè Darling* an der Meraner Winterpromenade war über viele Jahre Treffpunkt der Meraner Filmemacher Karl Schedereit, Mario Deghenghi und Bruno Jori. Hier im *Caffè Darling* der 1960er-Jahre träumten die drei von noch zu verwirklichenden Filmideen – wenn auch das Geld dazu nicht immer reichte.

Einer der drei Filmemacher, der 1922 in Meran geborene Jori, machte sich 1964 gleich bei mehreren Dokumentarfestivals einen Namen. Für seinen Film *Bagnolo – Dorf zwischen schwarz und rot* wurde er in Mannheim und in Leipzig jeweils mit dem ersten Preis ausgezeichnet: in West- und Ostdeutschland, sozusagen von schwarzer und in Ostdeutschland von roter Seite. Sein Film erzählt die wahre Geschichte eines Ortes in der italienischen Emilia Romagna, an welchem er die fiktive Geschichte um Don Camillo und Peppone nacherzählt – anhand realer Kontrahenten an einem realen Ort. »Nicht der Regisseur spricht in seinem Film, sondern die Wirklichkeit spricht durch ihn«, urteilte der bekannte Filmkritiker Ulrich Gregor damals in der Wochenzeitung *Die Zeit.* 1966 arbeitete sogar der junge, von der Filmschule abgewiesene Rainer Werner Fassbinder an der Seite Bruno Joris und sammelte beim Film *Hoffnungsgruppe* erstmals praktische Erfahrung am Drehset. Während Fassbinder ab den 1970er-Jahren die Karriereleiter steil emporkletterte und die Filmwelt nachhaltig beeinflusste, vergaß man einen seiner Filmväter. Jori starb mit nur 48 Jahren an den Folgen einer Hirnblutung.

Wer heute in Joris Lieblingscafé sitzt, über Filme spricht und Lust auf Kino bekommt, wird in Meran leider keines mehr vorfinden. Während in der Kurstadt vor einem halben Jahrhundert noch über eine Handvoll Kinos bewirtschaftet wurden, hat das letzte vor wenigen Jahren geschlossen. Seitdem sprechen die Meraner wieder von der Bedeutung eines richtigen Kinos für ihre Stadt.

Als »Oase des Glücks« bezeichnet der Ingeborg-Bachmann-Preisträger 2014 Tex Rubinowitz das *Caffè Darling*. Über die Stadt Meran schreibt er hingegen weniger wohlwollend.

EINCHECKEN, AUSCHECKEN

Südtirol wird ab Mitte des 1850er-Jahre immer häufiger in Reisebüchern beschreiben und es entstehen vereinzelt erste touristische Zentren – etwa in Meran und in Gries bei Bozen. Es handelte sich hierbei um zertifizierte »climatische« Kurorte.

Die schreibende Zunft zeigte sich durchweg begeistert von der Südtiroler Landschaft, dem Klima, den Dörfern und dem Menschenschlag, der in den Bergen und Tälern, an Waldseen oder Weinreben aufwächst. Nach der Eröffnung der Strecke Innsbruck–Bozen im Sommer 1867 reisten zunächst vor allem noble Kultur- und Kurgäste an. Sie kamen aus den Großstädten Wien, München, Verona oder Venedig – im Winter zur Winterkur und im Sommer zur Sommerfrische! Im Zeitraum des *Fin de Siècle* entstehen in Südtirol mehrere Grandhotels – etwa am Karerpass, am Mendelpass, in Toblach, oder in Gossensaß an der Brennerlinie. Mit den neuen Erholungsgästen war

in Südtirol eine neue wirtschaftliche Ära angebrochen, die unter anderem auf die Wirtshauskultur nachhaltig Einfluss nahm.

Seit einigen Jahren schätzen viele Gäste ein neues, sanfteres Urlaubsbewusstsein, das unter anderem auch Urlaubsmuster aus Uromas Zeiten wiederentdeckt und an ein zeitgemäßes, authentisch-nachhaltiges Tourismuskonzept anpasst. Warum nicht Urlaub an historischen »Kraftorten«? In historischen Beherbergungsbetrieben?

Empfehlenswert ist auf jeden Fall ein Besuch in Südtirols schönstem Garten in Schloss Trauttmansdorff. Die vielen natürlichen Urlaubsdüfte, die man dort riechen kann, führen die Besucher direkt ins Touriseum nebenan, wo die Tourismusgeschichte Südtirols anschaulich und unterhaltsam nacherzählt wird. Nur wer im Museum Touriseum eincheckt, hat den Südtiroler »Fremdenverkehr« einigermaßen verstanden.

44

Parkhotel Holzner
Dorf 18
I-39054 Ritten
+39 (0)471 345231
www.parkhotel-holzner.com

Jugendstil und Kuschelrock

Parkhotel Holzner

Anfang des 20. Jahrhunderts kamen dekorativ geschwungene Linien, flächige, blumige Ornamente und symmetrische Formen in Mode und reisten unter der Bezeichnung »Jugendstil« von der Großstadt Wien in die Alpen, ab 1907 sogar mit einer Schmalspurbahn nach Oberbozen auf den Ritten.

Seit 1908 gibt es dort, unmittelbar neben dem Bahnhof Oberbozen, ein schmuckes Hotel, das heute als Parkhotel Holzner in aller Munde ist. Als Hotelleiter wurde einst, wenige Monate nach der Eröffnung, der aus Meran stammende Gastwirt und Weltenbummler Hans Holzner engagiert, der 1911 das prächtige Jugendstil-Hotel übernahm. Bald schon folgten bittere Jahre für Hans Holzner, sein Hotel und seine Familie, da während des Ersten Weltkrieges kaum Gäste ihre erholsamen Tage im umkämpften Süden Tirols verbringen wollten.

1920 erfolgte die Wiederaufnahme des Hotelbetriebs, aber schon zwei Jahre später, nach der Machtergreifung durch die Faschisten in Italien, erlebte das Haus eine regelrechte Schlacht um den Hotelnamen. Nachdem es schon in früheren Jahren von *Hotel Maria Schnee* in *Hotel Oberbozen* umbenannt worden war, wollten die Faschisten das Hotel auf den Namen *Hotel Soprabolzano* taufen. Kurzerhand wurde das Hotel auf den Familiennamen Holzner umbenannt, auch wenn dies unter Diktator Mussolini keine Vorteile bringen sollte. Das Haus bekam die italienische Bezeichnung *Hotel Savoia* und wurde nun vor allem beim italienischen Gast wahrgenommen.

Nach den zwei Weltkriegen war der Spuk um die Namensgebung endgültig vorbei, es folgten aber harte Nachkriegsjahre und der mühsame Wiederaufbau des Hotelbetriebs. Ende der 1950er-Jahre kam der Fremdenverkehr wieder ins Rollen und es reisten wieder Touristen nach Oberbozen. Einer unglaublichen Geschichte ist es bis heute zu verdanken, dass ein Großteil des historisch wertvollen Jugendstil-Mobiliars erhalten blieb. Während in den frühen 1970er-Jahren viele Südtiroler Hoteliers auf architektonische Erneuerung setzten, war es dem jungen Besitzer Hans Holzner – er trägt denselben Namen wie sein Großvater – aus finanziellen Gründen unmöglich, die »alte Bude« umzubauen und für neue Gäste attraktiv zu machen. Die Gäste blieben aus, suchten sich in Südtirol fortschrittlichere Unterkünfte in der Umgebung oder kamen überhaupt nicht mehr. Zufall oder Schicksal? Dank der ungünstigen wirtschaftlichen Situation jener Jahre konnte sich das Hotel der gewollten Verjüngungskur nicht unterziehen und so rettete die Familie ihr Hotel samt Ausstattung ins Heute.

In den mageren Jahren, in denen der Hotelbetrieb nicht mehr gut funktionierte, hatte der damals noch junge Besitzer sich allerdings eine andere Idee in den Kopf gesetzt, die neben dem normalen Hotelbetrieb zusätzliches Geld in die Familienkasse bringen sollte. In einem kleinen Teil des Hauses wurden die Räumlichkeiten in ein Nachtlokal umfunktioniert, Hans Holzner gründete ein Lokal und nannte es *Eule*. Die kleine Hausdisko, die zum großen Hotel unverhältnismäßig klein ausfiel, lockte umso mehr Leute in die alten Hotelmauern. Viele Paare haben sich in der Eule kennen und lieben gelernt, so auch Hans Holzner, der sich in seinem gut funktionierenden Laden die schöne Boznerin Marianne anlachte und wenig später ehelichte.

Irgendwann in den 1990ern war es auch für mich so weit, das Parkhotel Holzner wurde zum wöchentlichen Treffpunkt für mich und meine Freunde und ich stolperte regelmäßig in die verrauchte Bude, um wie viele andere das Tanzbein zu schwingen. Gemeinsam mit dem jungen Partyvolk vom Rittner Hochplateau und ausgehfreudigen Nachtschwärmern aus Bozen traf ich mich in dem ansonsten verschlafenen Flecken Oberbozen, um in der *Eule* die Post abgehen zu lassen. Die *Eule* zeichnete sich vor allem durch eine äußerst geringe Raumhöhe aus und es war, wo immer man sich im Innenraum aufgehalten hat, sehr, sehr eng. Bis zum jähen Ende war die Disko stets gut besucht und wer an den Abenden nicht hineingelassen wurde, wartete auf dem Parkplatz auf die Gnade der Kassierer. Ich kann mich erinnern, in der Disko wild bis ungezogen getanzt zu haben und ich erinnere mich, dass ich hier meinen ersten

Lento gewagt habe, wie man in Südtirol und Italien sagt, wenn ein Tanzpaar bei Kuschelrock-Musik eng umschlungen über das Parkett schleicht.

Zwei Jahrzehnte nach meinem Debüt als Kuscheltänzer betrete ich aus anderen Gründen das Jugendstil-Hotel, sehe es erstmals bei Tageslicht und nehme zum ersten Mal wahr, was für mich, die vielen Einheimischen und Touristen über Jahrzehnte lang im Verborgenen wartete: Jugendstil vom Feinsten.

Das Parkhotel Holzner ist heute Familienhotel und hat einen neuen Verantwortlichen, den Sohn von Hans und Marianne Holzner, der das Haus nun in der vierten Generation führt. Vor wenigen Jahren entschied man sich für einen zeitgemäßen architektonischen Eingriff und bewerkstelligte einen unterirdischen Wellnessbereich, ohne die historische Qualität des Altbestands zu stören. Im Parkhotel Holzner denke ich immer wieder gern an die gute alte Zeit, an die vielen Leute auf der kleinen Tanzfläche der *Eule*, an meinen Tanzstil und an den Jugendstil. Im Garten des Hotels steht bis heute ein alter Baum, der gleich viele Jahre zählt wie das Hotel. Er hat das Hoteltreiben über ein Jahrhundert lang mitverfolgt und wer weiß, welche Geschichten er erzählen könnte.

Bei Arbeiten im Salon wurden Wandmalereien aus den Gründerjahren freigelegt. Sie zeigen die schöne Aussicht auf die Dolomiten.

45

Lois Welzenbachers Mimi-Haus, die Kaffeemühle. Moderne Architektur der 1920er-Jahre inmitten von Wald und Wiesen.

Hotel Briol
Dreikirchen
I-39040 Barbian
+39 (0)471 650125
www.briol.it

EINE KAFFEEMÜHLE IM WALD

Hotel Briol

Kaffee gehört für viele Menschen zur Last des Alltags und Kaffeehäuser sind nichts Außergewöhnliches. Im Eisacktal gibt es hingegen ein nicht alltägliches Haus, dem die Menschen den passenden Namen »Kaffeemühle« verliehen haben. Auf 1.200 Höhenmetern wartet das ursprünglich auf den Namen *Mimi* getaufte Haus auf Gäste, indem es alleine in der Landschaft steht und doch ähnlich aussieht wie die anderen Sommerfrischhäuser in der näheren Umgebung von Briol – wie die Gegend hier heißt.

Briol liegt oberhalb von Bad Dreikirchen in der Gemeinde Barbian. Hier entstanden vor über einem Jahrhundert Schritt für Schritt kleinere und größere Häuser, die Namen wie Rotkäppchen, Waldheim, Marell, Urbele, Villa Pia oder Doktorhaus tragen. Der namhafte österreichische Architekt und Städteplaner Lois Welzenbacher (1889–1955) schuf mit dem Köchl- und dem Mimi-Haus auch zwei Gebäude im Reigen mehrerer Häuser rund um das eigentliche Hotel Briol. Wohnen und urlauben kann man bis heute im Haus Settari, es liegt etwas tiefer als das nach einem kühnen Umbau des Malers Hubert Lanzinger Ende der 1920er-Jahre realisierte Haupthaus im Bauhaus-Stil, das man auf einem Fuß-Spazierweg in etwa sieben bis zehn Minuten erreicht. Etwas unterhalb vom Haus Settari – benannt nach dem Gründer der Häuserkolonie – liegt hingegen Welzenbachers mit Lärchenschindeln bedecktes Mimi-Haus. Das Haus entwickelt sich innen spiralförmig wachsend um einen Kaminpfeiler in die Höhe und besitzt ein eigenes Bad und WC, was in dieser Gegend keine Selbstverständlichkeit ist!

Das Mimi-Haus ist der Beweis, dass man in einer Kaffeemühle wohnend ausgezeichnet zur Ruhe kommen kann – was mit Kaffee ansonsten kaum gelingt. Das architektonische Häusermärchen von Briol könnte der bekannte Schweizer Architekt Peter Zumthor weiterschreiben. Pläne für eine sanfte Erweiterung mit neuen Häusern warten jedenfalls in der Schublade.

Sehr empfehlenswert ist der einstündige Fußmarsch von Barbian zum Hotel. Auf Wunsch kann das Gepäck die 480 Höhenmeter mit einem Geländefahrzeug absolvieren.

46

Der Elefant an der Eingangsfassade ist nur einer von vielen Elefanten, die als Nachbildung im Hotel zu sehen sind

Hotel Elephant
Weißlahnstraße 4
I-39042 Brixen
+39 (0)472 832750
www.hotelelephant.com

TIERISCHE GÄSTE

Hotel Elephant

Wer vor dem Eingang dieses historischen Gastbetriebs in Brixen steht, der kommt um das Elefanten-Wandfresko an der Gebäudefassade nicht herum. Tatsächlich spazierte hier um den Jahreswechsel 1551/1552 ein Elefant vorbei, der samt Gefolgschaft 14 Tage lang bewirtet wurde. Das exotische Tier aus Indien muss bei den Brixner Wirtsleuten einen bleibenden Eindruck hinterlassen haben, denn nur so ist es zu erklären, dass der Gastbetrieb kurzerhand auf den Namen »Elephant« getauft wurde. Seitdem wuchs und wuchs der Brixner *Elephant* – vom kleinen Landgasthof zu einem Hotel ersten Ranges.

Kein anderes Südtiroler Hotel kann eine derart hochkarätige Gästeliste vorweisen. Hier übernachteten nach dem indischen Elefanten viele hohe Tiere, aus Adels-, Kunst- und Politikkreisen. Bis hin zu Deutschlands bekanntestem Fernsehkommissar Derrick, der als Privatmann Horst Tappert zu Gast war. Ein Phantombild, hier am Urlaubs-Tatort, erinnert immer noch an seinen Abstieg im *Elephant.*

Damit die jahrhundertealte Entwicklungsgeschichte des Hotels nicht in Vergessenheit gerät, beherbergen die Hotelbetreiber neben der Hotelkapelle auch ein kleines Museum. Natürlich ein Elefantengedächtnis! »Hier an diesem Erinnerungsort kann Vergangenheit gelebt werden«, sagt Marianne Heiss, die im Hotel das bunte Sammelsurium an edlen Gefäßen, anregenden Speisekarten, altem Tafelsilber und anderen besonderen Kostbarkeiten zusammengestellt hat. Das Flanieren durch die Hotelräume wird in diesem Hotel zur Zeitreise. Neben wertvollem Mobiliar und den vielen imponierenden Gemälden kommt der Gast aber an einer Vitrine nicht vorbei, ohne stehen zu bleiben. Es handelt sich um einen Schauschrank mit einer Unzahl von kleinen Souvenir-Elefanten, die von begeisterten Stammgästen mitgebracht wurden. Hier gibt es Elefanten, so weit das Auge reicht.

Neben dem Hotel befindet sich inmitten der Stadt ein 1,7 Hektar großer Park mit Freiluft-Pool, Gartenbar, Spazierwegen, Blumenbeeten und Obstbäumen.

47

In der kleinen »American Bar« des Hotels haben schon mehrere Oscar-Preisträger einen Drink zu sich genommen

Hotel Drei Zinnen
St. Josef Straße 28
I-39030 Sexten
+39 (0)474 710321
www.hotel-drei-zinnen.com

HIGH NOON AM ZWÖLFERKOFEL

Hotel Drei Zinnen

Das wuchtige Hotel Drei Zinnen im Ortsteil Moos der Gemeinde Sexten zählt zu den wichtigsten architektonischen Zeugnissen der Zwischenkriegszeit. Hier hat der Baukünstler Clemens Holzmeister Architekturgeschichte geschrieben, die bis heute an den großzügig gehaltenen Hotelräumen abgelesen werden kann. Zur Seite stand ihm der junge Luis Trenker, damals noch Architekt. Dach- und Giebelformen, Fenster und Erker des *Drei Zinnen* erinnern an ein massives Bauernhaus.

Dank des gewissenhaften Umgangs mit historischer Bausubstanz blieb die Ästhetik der Hotelarchitektur bis heute erhalten. Holzmeister gelang es, lokale Gegebenheiten des Tales ideal aufzunehmen, zu verarbeiten und in die Planung miteinzubeziehen. Das Hotel ist einfach gegliedert und stets auf die Funktionalität des Objekts ausgerichtet.

Bis heute ist man auf einen Gast des Hauses besonders stolz: Fred Zinnemann! Mehrmals kam der fünffache Oscar-Preisträger ins *Drei Zinnen*, stand an der von Holzmeister designten orange-blauen *American Bar* und genoss im Stillen seinen Weltruhm, etwa nach dem legendären Klassiker *Zwölf Uhr mittags*, mit der jungen Grace Kelly in der Hauptrolle. Vom Hotel aus sah Zinnemann ebenfalls auf einen Zwölfer, daneben den Neuner, den Zehner, den Elfer und den Einser. Zusammen bilden die Zahlen das Berg-Ensemble der sogenannten »Sextner Sonnenuhr« – das steinerne Wahrzeichen Sextens.

Es soll sich zugetragen haben, dass der bekannte Regisseur an einem Tag mit einem einheimischen Bergführer loszog und die Asche einer ihm einst nahestehenden verstorbenen Freundin verstreute, deren Urne er aus Hollywood nach Europa brachte. In der unmittelbaren Nähe der Sextner Sonnenuhr, irgendwo in der vorgelagerten Felsformation der Rotwandköpfe, nahm er – an einem geheimen Ort – Abschied von seiner Lieben.

Der bedeutendste Sexter ist ohne Zweifel der Journalist Claus Gatterer, ein Pionier für sozial engagierten Journalismus.

48

Die Hütte am See ist – zumindest für viele italienische Fernsehzuschauer – das Zuhause des Serienförsters Pietro alias Terence Hill

Hotel Pragser Wildsee
St. Veit 27
I-39030 Prags
+39 (0)474 748602
www.lagodibraies.com

EIN STÜCK VOM HIMMEL

Hotel Pragser Wildsee

Der Film *Shining* von Stanley Kubrick mit Jack Nicholson in der Hauptrolle beschreibt ein Familiendrama in einem abgelegenen Berghotel. Vor einigen Jahren warteten die Besitzer des Hotels am Pragser Wildsee mit diesem Kinohighlight in ihren Hotelräumen auf, um den Gästen am abgelegenen Pragser Wildee etwas Besonderes zu bieten. Der gutgemeinte Unterhaltungsabend endete mit einer Reihe von abreisenden Urlaubern am nächsten Tag. Die Folge des Films war bei vielen Gästen eine Horrornacht.

Angstzustände gehören seitdem im Hotel Pragser Wildsee der Vergangenheit an, vielleicht weil die Hotelgäste wissen, dass hier der Filmstar Terence Hill über Jahre für das italienische Fernsehen den Serien-Förster Pietro gegeben hat. Hills italienischer Vater und seine deutsche Mutter haben sich übrigens in der Eisenbahn zwischen Verona und München kennengelernt. Die Serie am romantischen See hatte von Anfang an hervorragende Einschaltquoten und bringt bis heute eine Menge Gäste ins Hochpustertal. Es sind vor allem Menschen, die die fesselnde Landschaft der Serie *Un passo dal cielo* live erleben wollen – was so viel heißt wie *Ein Schritt vom Himmel.*

Das riesige Hotel, das seit 1898 inmitten einer wahrlich spektakulären Bergkulisse steht, könnte manchen an die unberührten Landstriche Nordamerikas erinnern. In der Tat ist in der Hotelstatistik der kanadische Gast überdurchschnittlich vertreten. Im Hotel selbst erinnert alles an die Zeit um 1900, als hier auf einer Meereshöhe von knapp 1.500 Metern Tourismusgeschichte geschrieben wurde. Die Tourismuspionierin Emma Hellensteiner hatte einst den Pragser Wildsee – er gilt als der schönste See der Dolomiten – geschenkt bekommen und baute kurzerhand ein Hotel. Daneben wurde ein Bootshaus dazugebaut in welchem – zu Drehzeiten – der Fernseh-Förster Pietro sein Zuhause hatte.

Das Haus verfügt auch über ein *ZeitgeschichtsArchiv.* Nachgelesen werden kann dort auch die Geschichte der 139 prominenten Gefangenen, die im April 1945 aus dem KZ Dachau nach Südtirol gebracht wurden.

49

Köstlichkeiten aus dem **Champagner-Apfel** gibt es im **Alpe Pragas**
Ausserprags 38
I-39030 Prags
+39 (0)474 749400
www.alpepragas.com

MARMELADE, CHUTNEY, MOSTARDA

Apfelsorte Champagner im *Alpe Pragas*

»Meine Vision war es, erstklassige Früchte zu exklusiven und hochwertigen Produkten zu veredeln«, sagt Stefan Gruber. In Außerprags im Hochpustertal wagte er ein riskantes Unternehmen und begann vor einigen Jahren, unter dem Namen *Alpe Pragas* hochwertige Fruchtaufstriche zu produzieren – zunächst mit Beeren und mit alten Marmelade-Rezepten aus der Gegend.

Auch wenn die Kunden zunächst skeptisch reagierten – vor allem da sie die Produkte zu teuer fanden – ging das Konzept von *Alpe Pragas* auf und es kamen andere Fruchtsaufstriche dazu. So findet man heute im großen Sortiment auch eine Weirouge-, eine Wintercalville-, und eine Champagnerrenette-Konfitüre. Letztere Sorte hat viele Bezeichnungen, die von Goldgranater, Käsapfel, Loskrieger bis hin zu Zwiebelapfel oder Wachsrenette reichen. In Südtirol sagen die Bauern einfach »Champagner« dazu, auch wenn die Herkunft dieses Apfels aus Frankreich nicht gänzlich bewiesen werden konnte.

Im 19. Jahrhundert wurde die Sorte vor allem im süddeutschen Raum, der Schweiz, in den Gegenden Böhmen und Mähren (Tschechien), sowie in Görz (Slowenien) angebaut. Mitte der 1950er-Jahre waren in Südtirol noch 15 Prozent der Produktion Champagner-Äpfel. Heute ist die mittelgroße, plattrunde, leicht gerippte Sorte mit der glatten, fettigen, grüngelblichen Schale wieder im Aufwind. Der Champagner enthält reichlich Vitamin C und eignet sich für ein erstklassiges Sorbet oder einfach nur, um hineinzubeißen und diese alte, einst weit verbreitete Sorte wieder aufleben zu lassen.

Für all jene, die gerne Saucen nach indischem Muster essen, werden im Unternehmen *Alpe Pragas* auch verschiedenste Chutneys hergestellt – unter anderem eines in Apfel-Zwiebel-Kombination. Es soll »hervorragend zu Bergkäse, gereiftem Schafskäse und gekochtem Fleisch« passen, versprechen die Anbieter. Einfach probieren!

50

Von der Bartheke gelangt man direkt in den Damensalon oder in den Herrensalon, der mittlerweile als Raucherraum fungiert

Parkhotel Laurin
Laurinstraße 4
I-39100 Bozen
+39 (0)471 311000
www.laurin.it

DADA IM DAMENSALON

Parkhotel Laurin

Das Parkhotel Laurin gilt seit über 100 Jahren als Bozens Topadresse unter den Südtiroler Hotels. War es vor wenigen Jahren noch ein etwas elitärer Schuppen für besser betuchte Gäste, so erfreut sich das Laurin inzwischen einer breiten Kundschaft. Viele Künstler – ob Schauspieler oder Musiker – lassen nach getaner Arbeit ihren Abend gerne an der hauseigenen Bar ausklingen.

Weniger gemütlich war die Atmosphäre im Hotel Laurin während des Ersten Weltkriegs, als der Schriftsteller Robert Musil (1880–1942) in einem der während des Krieges umfunktionierten Hotelräume die *Tiroler Soldatenzeitung* redigierte. Hier in Bozen entstand auch Musils Erzählung *Die Portugiesin.* Seinen Roman *Der Mann ohne Eigenschaften* begann er hingegen wenige Jahre nach Kriegsende. Ob er hier im Laurin schon erste Ideen für sein Jahrhundertwerk im Kopf hatte, ist nicht bekannt, auch nicht in welchem Raum des Hotels Musils Schreibstube war. Saß er in einem der Hotelzimmer? Saß er im Herrensalon? Im Damensalon?

Während der Name Herrensalon mittlerweile durch den Begriff Rauchersalon abgelöst wurde, blieb der Name des Damensalons erhalten. Der deutsche Sänger und international anerkannte Poet Blixa Bargeld hat in genau diesem Damensalon eine kontroverse Herleitung des umstrittenen Kunstbegriffs Dada in den Raum gestellt. »Ich weiß, was Dada wirklich heißt«, behauptete Bargeld, »Dada meint nämlich im Französischen, was man in der amerikanischen Pornosprache ›Reverse Cowgirl‹ nennt – also eine Liebesstellung.«

Seit dieser Bargeld'schen Beweisführung des Kunstbegriffs Dada gibt es im Laurin Überlegungen, bei Künstlergesprächen mit derlei Inhalten ein Mindestalter einzufordern oder vom Damensalon in einen anderen Raum auszuweichen. Diskretion ist im Laurin oberstes Gebot!

In der Hotelbar kann auch der legendäre Freskenzyklus *König Laurin* des Malers Bruno Goldschmitt (1881–1964) besichtigt werden.

51

Inmitten des turbulenten Stadttreibens findet sich im Gastgarten des Hotels Figl eine beschauliche Ruhe

Hotel Figl
Kornplatz 9
I-39100 Bozen
+39 (0)471 978412
www.figl.net

EXIL MAL ZWEI

Hotel Figl

Auf den Bozner Kornplatz flüchten jene, die am danebengelegenen Waltherplatz kein lauschiges Plätzchen mehr finden – oder jene, die genau wissen, welche angenehmen Café-Bars am Kornplatz auf Besucher warten. Seit Jahren lädt das *Exil Lounge Café,* das in angenehmem Style daherkommt, zum gemütlichen Verweilen – drinnen wie draußen. In aller Ruhe lässt sich von hier aus das hektische Treiben der Stadtmenschen beobachten, die Bozens Laubengasse anpeilen.

Etwas versteckt auf der schräg gegenüberliegenden Seite des Platzes wartet hingegen ein anderes Exil – es nennt sich *Hotel Figl* und hat eine durchaus einladende Hotelbar im Freien mit Gartenatmosphäre. Hier erzählt man sich folgende Exil-Geschichte: Es war das Jahr 1957, als es die junge Schriftstellerin Gisela Elsner und ihren damaligen Lebensgefährten Klaus Roehler ungewollt hierher verschlug. Das damals frisch verlobte Literatenpaar wollte gemeinsame Tage am Gardasee verbringen. Der großbürgerliche Vater Elsners, Direktor bei Siemens, konnte in Erfahrung bringen, wo seine rebellische Tochter ihren Liebesurlaub verbrachte und fuhr mit seiner Frau auf den Campingplatz. Die gemeinsame Tochter aber floh unter haarsträubenden Umständen und ohne Reisepass. Mit ihrem Freund Klaus, der die Flucht organisierte, kam sie nach Mitternacht in Bozen an und fand »Exil« im Figl. Hier warteten beide, bis der Konsul Gisela Elsner einen befristeten Pass zur Ausreise ausstellte. Erst nach vier Tagen hatte der Spuk ein Ende.

Der Filmregisseur Oskar Roehler hat die Figur seiner Mutter, die zu den wichtigsten Literatinnen der *Gruppe 47* zählte, aber bereits 1992 freiwillig aus dem Leben schied, im Film *Die Unberührbare* verarbeitet. Die turbulente Liebesgeschichte seiner Eltern am Gardasee und ihre Flucht nach Bozen wäre zweifelsfrei eine gute Geschichte für einen Spielfilm.

In Oskar Roehlers Film *Quellen des Lebens* übernahm auch die Südtirolerin Anna Unterberger eine Rolle. Der Film beschreibt das schwierige Verhältnis seiner Eltern.

52

Im Lesezimmer des Gasthofs kommen historische Holztäfelung und modernes Mobiliar kongenial zusammen

Hotel Grüner Baum
Stadtplatz 7
I-39020 Glurns
+39 (0)473 831206
www.gasthofgruener-baum.it

ÜBERNACHTUNG MIT RAD!

Hotel Grüner Baum

Wer eine Radtour mit einer Bahnfahrt und einer Übernachtung im Hotel *Grüner Baum* in Glurns verbinden möchte, sollte für diese sportliche Tour zwei Tage einplanen. Am Anreisetag geht es im Bummeltempo der Vinschgerbahn von Bozen oder Meran aus in den oberen Vinschgau – gut gerüstet mit Fahrrad und Rucksack. Sinnlich übernachten – damit die anspruchsvolle Radtour am darauffolgenden Tag auch gut über die Bühne und durch die Beine geht – kann man im architektonisch liebevoll aufgewerteten historischen Gasthof *Grüner Baum.* Im Jahr 1730, man mag es kaum glauben, hieß es: »Antoni Waschglers Wirtsbehausung am Stadtplatz«.

Seit der Neueröffnung vor rund einem Jahrzehnt findet das Design-Hotel immer wieder Beachtung in internationalen Medien. Eine renommierte Reiseführermarke listet das Haus sogar auf Platz fünf der besten Hotels mit einem Übernachtungspreis von unter 100 US-Dollar pro Person. Vor dem Zubettgehen im *Grünen Baum* ist ein abendlicher Spaziergang durch die kleine Stadt Glurns ein regelrechtes Muss. Im Gasthof warten inzwischen fein zubereitete Speisen auf hungrige Radfahrer. Nach einem leichten Frühstück geht es an Tag zwei mit dem Rad wieder zurück nach Meran oder ins noch entfernter gelegene Bozen.

Die Fahrt geht leicht beschwingt geradewegs dahin, mal wieder leicht abwärts, durch Wälder und Wiesen, entlang der Etsch, den Dörfern des Vinschgaus, vorbei an vielen kleinen romanischen Kirchen, die für diese Gegend typisch sind. Nach einer kurzen Verschnaufpause am Eingang des Erdbeertales Martell führt der Weg an den Orten Latsch, Kastelbell, Naturns, Partschins vorbei. Ab der *Töll,* der Talöffnung über Meran, folgt eine kurvenreiche Abfahrt ins Zentrum der Kurstadt. All jene, die von hier aus noch nach Bozen müssen, wählen für die letzten 30 Kilometer die sportliche Variante. Andere den Zug.

Nach der gelungenen Neugestaltung durch den Architekten Andreas Flora findet das Design-Hotel Grüner Baum immer wieder Beachtung in der internationalen Presse.

53

Der neueste Schrei:
Weinrouge-Apfelchips

Kandlwaalhof Luggin
Unterwaalweg 10
I-39023 Laas (Vinschgau)
+39 (0)473 626627
www.luggin.net

ROTER APFEL, BLAUER DUNST

Apfelsorte Weirouge auf dem Kandlwaalhof Luggin

Zwar ähneln die Äpfel der sonderbar klingenden Sorte *Weirouge* im Äußeren durchaus anderen Äpfeln, das Geheimnis liegt aber im Inneren dieser besonderen Kreuzung. Der von Hermann Schimmelpfeng am Institut für Obstbau der TU München in Weihenstephan gezüchtete Apfel ist aufgrund seiner auffallend roten Farbe eine ansehnliche Naturerscheinung und setzt sich aus dem Wortteil »Wei« für die Fachhochschule Weihenstephan und dem Begriff »rouge«, französisch für die Farbe Rot, zusammen.

Das Fruchtfleisch ist deshalb so rot, da der Apfel zehnmal so viel Anthocyane enthält wie herkömmliche Äpfel. Diese natürlichen rot-violetten Pflanzenfarbstoffe entgiften den Körper und senken das Krebsrisiko.

Die Sorte Weirouge genießt europaweiten Sortenschutz und kann nur in größerer Stückzahl vom Züchter bezogen werden. Er ist also weder ein Baum für den privaten Hausgarten, noch sind die auffälligen Äpfel für den Obstteller geeigneter als andere Sorten. Im Gegenteil! Der Weirouge ist im Grunde eine reine Verwertungssorte, aus der beispielsweise roter Apfelsaft und Trockenobst in Form von roten Apfel-Chips hergestellt werden.

Der Kandlwaalhof Luggin in Laas im Vinschgau ist Alleinvertreiber der Weirouge-Apfelsorte in seinem Landstrich. Daneben gibt es bislang nur vereinzelt Bauern, die einige wenige Weirouge-Bäume angepflanzt haben. Luggin hat an die 6.000 Bäume und macht daraus roten Apfel-Cidre und Apfelsaft sowie die sogenannten Apfel-Chips. Auch wenn beispielsweise vielen Tabakrauchern der Verzehr von Äpfeln nicht sonderlich viel bedeuten mag, ist es dennoch gut zu wissen, dass der Darm nach einer mehrtägigen Apfeldiät vom in den Darmschleimhäuten abgelagerten Nikotin befreit ist. Das Rauchen soll danach angeblich nicht mehr schmecken – die roten Weirouge-Chips hingegen immer noch.

54

Nach der Vorlage eines abgedrehten Segels entwarf der Architekt Othmar Barth ein Seehotel am Kalterer See

Seehotel Ambach
Klughammer 3
I-39052 Kaltern
+39 (0)471 960098
www.seehotel-ambach.com

EIN SCHIFF WIRD KOMMEN

Seehotel Ambach

Als ein gestrandetes Schiff bezeichneten die Bewohner der Gemeinde Kaltern spöttisch den halbkreisförmigen Bau des Hotel Ambach am Kalterer See aus dem Jahr 1973. Mittlerweile haben die Einheimischen erkannt, dass es sich bei diesem Hotel um einen gekonnten Wurf des Architekten Othmar Barth handelt. Als gestalterische Vorlage diente dem Architekten ein vom Wind abgedrehtes Segel, das sich optimal ins Panorama an das Ostufer des Sees legt.

Dank eines raffinierten Kunstgriffs gelang es dem Architekten, alle Zimmer zum See zu öffnen, obwohl er nicht parallel zum See baut, hingegen für das Hotel eine abgerundete geometrische Form bevorzugt. Anhand zweier auffällig kombinierter Kreissegmente gliedert sich das Hotel samt einem dreieckigen Segment zum See hin. Hier befindet sich der Speisesaal. Dass das Hotel bis heute so erhalten geblieben ist, liegt an einer gelungenen Vereinbarung zwischen dem Architekten und der Bauherrin, wobei sie das materielle Eigentum verwaltete, er das geistige Eigentum. Dieser unüblichen Lösung zwischen Planer und Eigentümer ist es zu verdanken, dass das Hotel im Sinne seines Gestalters so erhalten geblieben ist, wie er es einst anfertigen ließ. Wer auf authentische Hotelarchitektur der 1970er-Jahre steht, ist hier richtig!

Das Hotel kommt ohne pompöse Eingangsfassade aus, doch schon in der Eingangslobby erahnt der Gast, dass es sich hier um einen gut durchdachten Konzeptbau handelt. Hier gibt es kaum dunkle Hotelgänge wie in anderen Hotels. Dem Architekten gelang es, durch eine spezielle Lichtführung von oben eine angenehme, helle Raumatmosphäre zu schaffen. Auch von außen ist das Hotel ein architektonischer Lichtblick. Die Sicht auf den Kalterer See soll hier am schönsten sein, die Geräuschkulisse die ruhigste. Was will ein Gast mehr?

Das Hotel führt der dreimalige Surf-Weltmeister Klaus Maran, eine Legende der italienischen Surfgeschichte der 1980er-Jahre!

55

Glänzende Aussicht! Der mehrfach ausgezeichnete Hotelentwurf stammt von Designer und Architekt Matteo Thun.

Vigilius Mountain Resort
Pawigl 43
I-39011 Lana
+39 (0)473 556600
www.vigilius.it

AUTOFREI UND SPASS DABEI

Vigilius Mountain Resort

Auf dem Vigiljoch bei Lana thront seit einigen Jahren ein neues Hotel, das der Architekt und Designer Matteo Thun einem umgefallenen Baum nachempfunden hat. Das wirklich Einzigartige an diesem architektonischen Wunderbaum ist, dass er jedes Navigationsgerät bei der Anreise mit dem Wagen zum Narren hält, da es unmöglich ist, mit dem Auto zum Hotel zu gelangen. Hier herauf führt nur eine Seilbahn, die seit über 100 Jahren die Leute von Lana aus auf den Berg bringt.

Unmittelbar nach der Ankunft betritt der Gast auf über 1.500 Metern Meereshöhe die neugeschaffene verkehrsfreie Naturoase. Die urige Stimmung auf diesem beeindruckenden Landrücken über dem Etschtal hat der Nordtiroler Künstler Hans Josef Weber-Tyrol wie kein anderer aufgesogen. Da es ihm gelang, den Zauber dieser Vigiljocher Landschaft derart intensiv wahrzunehmen und adäquat umzusetzen, wurde er beauftragt, die Plakate zur Eröffnung der Schwebebahn 1910 zu gestalten. Erhalten sind aus dieser Zeit auch zahlreiche Skizzen, großflächige Bilder und eine Postkartenserie des Künstlers. Die Auftragsarbeiten zum Vigiljoch müssen es dem 1874 geborenen Künstler angetan haben. Er kehrte nach seinem Studium an der Kunstakademie in München nicht mehr in seine Nordtiroler Heimatstadt Schwaz zurück und zog wenig später nach Südtirol. Seine frühen Arbeiten zieren heute einen Gastraum des neuen Vigilius Mountain Resorts – einem der abgeschiedensten Hotels, in welchem Gäste à la Thomas Gottschalk ihre runden Geburtstage feiern, da sie hier vor übereifrigen Gratulanten, Medien und anderen Paparazzi in Ruhe gelassen werden.

Ruhe und autofreie Landluft finden hier nicht nur Hotelgäste, sondern auch die Wanderer bei einem Tagesausflug in entspannter Atmosphäre. Ein wenig autogenes Training am autofreien Berg verursacht übrigens keine Schäden, nur angenehme Nebenwirkungen, heißt es.

Donnerwetter! Am Wetterhügel unweit des Hotels befindet sich eine dem heiligen Vigilius geweihte kleine Kirche. Die Kapelle soll die Menschen vor Sturm und Gewitter beschützen.

AUGENBLICKE, AUSSENBLICKE!

Flanieren und Philosophieren – an Orten, die weit mehr zu bieten haben, als gelegentlich angenommen wird! In Südtirol gibt es zahlreiche Plätze, die in der Vergangenheit eine Menge interessanter Persönlichkeiten in den Bann gezogen haben. Ob gute Aussichten, eine spezielle Ansicht, ein genialer Einfall oder ein sprühender Wasserfall – feststeht, dass viele Literaten, Künstler und Kinoregisseure hier ihre Texte verfasst, ihre Bilder gemalt oder ihre Filmaufnahmen durchgeführt haben. Stets finden sich an diesen individuellen Lieblingsplätzen persönliche Erlebnisse weitgereister Menschen, die das Land mit einem anderen Blick wahrnehmen – einem Blick, der von außen kommt.

Es gibt in Südtirol eine Reihe spannender Kultplätze, die mit den üblichen, klassischen Texthinweisen auf Kirchen, Shoppingmeilen oder kurzweilige Szenebars wenig am Hut haben. Warum sie dennoch Lieblingsplätze sein können, liegt daran, dass sie der Nachwelt

absurde bis reizende Lieblingsbilder und Lieblingsworte hinterlassen haben. Ob im kleinen Weiler, am langen Waalweg, in dem verzwackten Felsensteig, im Theater oder am Dorfplatz – es sind Begebenheiten und Orte, an denen beobachtet und aufgeschrieben wurde.

Wer auf geschichtsträchtigen Wegen den Gedanken großer Kulturschaffender nachspüren möchte, dem werden die folgenden Lieblingsplätze ein Stück mehr über Südtirol erzählen, als jeder Einheimische zu glauben imstande ist. Von Agatha Christie bis Christoph Schlingensief, von Rainer Maria Rilke bis Margarethe von Trotta, von Karin Dor bis Michelangelo Antonioni – für sie alle war Südtirol zu einem bestimmten Zeitpunkt ihres Lebens Landschaftskulisse und Ideengeber für ihre Arbeit. Ihre Leistung für die Menschheit wird hiermit im Kleinen gewürdigt – an ausgewählten Lieblingsplätzen in Südtirol, die mehr Größe verdient hätten.

56

Adel und Literatur verdichtet! Der Blick von Schloss Gandegg aus auf Schloss Englar im Weiler Pigeno in St. Michael Eppan.

Mittelpunktsbibliothek Eppan
Hans-Weber-Tyrol-Platz 4
I-39057 St. Michael Eppan
+39 (0)471 660406
www.biblio.bz.it/eppan

GOOGLE ODER GUGELINE

Pigeno

Während der Begriff »Google« in aller Munde und auf fast jedem Monitor zu sehen ist, erinnert sich kaum jemand an den Begriff »Gugeline«. Dabei handelt es sich bei *Gugeline* um ein historisch wertvolles Buch, das Otto Julius Bierbaum (1865–1910) im Südtiroler Weiler Pigeno verfasste. Bierbaum war ein deutscher Journalist, Redakteur, Schriftsteller und Librettist, der nach Stationen in München, Oberbayern und in Berlin 1895 nach Pigeno bei St. Michael / Eppan zog. Zwischen 1895 und 1899 bewohnte er einen Teil von Schloss Englar und nutzte diesen Ort als Schreibstube. Hier redigierte er die Kunstzeitschrift *PAN* und brachte mit dem Buch *Gugeline* das erste Insel-Buch auf den Markt – ein Vorreiterprodukt der bis heute existierenden Insel-Buchverlagsreihe.

Im Schloss hat Bierbaum auch den jungen Rainer Maria Rilke (1875–1926) empfangen, der das wunderbar melancholische Gedicht über den alten Brunnen im Schloss verfasste: »Abendbrand in brachen Zinnen, / und der Wind fährt durch den Saal. / Und für wen im Burghof drinnen / immer noch die Brunnen rinnen – / keiner weiß es dort im Tal.«

Unweit von Bierbaums Schloss liegt hingegen der Pigenoer Ansitz Liebenburg, in welchem bis in die 1990er-Jahre ein Rotlicht-Schuppen untergebracht war. Der österreichische Schriftsteller Michael Köhlmeier schreibt, dass es hier, im Nachtclub *Dolomiti* auch die Ausziehnummer *Hamlet* gab, den »einzigen literarischen Striptease in Westeuropa«, in dem sich eine Dame »Sein oder Nichtsein« hauchend ausgezogen hatte. Literaturpreisverdächtig!

Die Mittelpunktsbibliothek St. Michael Eppan ist ein geeigneter Ausgangspunkt für diesen literarischen Rundgang. Von hier aus gelangt man vorbei an den vielen Weinreben, Schlössern und Ansitzen ins literarische Herz Pigenos, dem Weiler, der neben der großen Schlossdichte eine ebenso stattliche Anzahl an bekannten »Schlossdichtern« verbuchen kann.

Auch Hugo von Hoffmansthal und Carl Zuckmayer weilten in Pigeno. Der Schriftsteller Kurt Lanthaler wurde mit einem Text über Pigeno sogar ausgezeichnet.

57

Promenieren durch Wiesen und Wälder. Rund eineinhalb Stunden Fußweg liegen zwischen Klobenstein und Oberbozen.

Freudpromenade
Startpunkt: Schlernweg/
Freudpromenade
I-39054 Ritten

Tourismusverein Ritten
Dorfstraße 5
I-39054 Ritten
+39 (0)471 356100
www.ritten.com

TRAUMWANDELN AM RITTEN

Freudpromenade

»Hier auf dem Ritten ist es göttlich schön und behaglich. Ich habe eine unerschöpfliche Lust zum Nichtstun …« Diese Zeilen schickte Sigmund Freud (1856–1939) am 1. September 1911 an seinen Kollegen Carl Gustav Jung. Knapp 100 Jahre später trägt ein einfacher Spazierweg, der die beiden Bahnhöfe Oberbozen und Klobenstein verbindet, den Namen des bekannten Traumforschers, der hier am Ritten nicht nur zum Tagträumen anreiste, sondern auch, um an seinem Werk *Totem und Tabu* zu arbeiten und sogar seine Silberhochzeit zu feiern. Neben Freud weilte auch sein Freund Wilhelm Fließ (1858–1928) am Ritten, mit dem Freud die *Selbstanalyse* durchführte, die sich ebenfalls auf die Deutung von Träumen bezog.

Neben Freud und Fließ zog es eine beachtliche Anzahl an Kultur-Promis hierher, vielleicht um ihre ganz persönliche Selbstanalyse durchzuführen oder einfach nur Entspannung inmitten einer traumhaften Landschaft zu suchen. Hier verbrachte sogar der Dramatiker Oskar Jerschke (1861–1928) seinen Urlaub, der mit Schriftsteller Arno Holz die überaus erfolgreiche Tragikomödie *Traumulus* vorgelegt hatte. Auch der bekannte Münchener Architekt Theodor Fischer schlenderte Mitte der 1920er-Jahre auf dem angenehmen Spazierweg von Klobenstein nach Oberbozen, vielleicht mit den Plänen seines gerade realisierten Ledigenheimes München im Kopf, oder in Gedanken bei einem seiner bekanntesten Bauwerke – jenem, das im Volksmund liebevoll *Pfullinger Unterhose* getauft wurde.

Gerade in Unterhosen vermutete Sigmund Freud viel vom Unterbewusstsein seiner Patienten. Manchmal mehr als alle Beteiligten wahrhaben wollten und er selbst zu träumen imstande war. Aber zum Träumen war Freud hier am Ritten richtig, denn es gibt hier Orte, die traumhafte Namen wie Himmelreich, Lichtenstern oder Himmelfahrt tragen. Und es gibt zur Freude aller eine Freudpromenade.

Freudiges Treiben vor traumhafter Bergkulisse – mit dem Rock-im-Ring-Festival findet unweit der Freudpromenade seit über 20 Jahren Südtirols bekanntestes Open-Air-Spektakel statt.

58

Am idyllischen See tummeln sich nicht nur im Hochsommer viele Menschen

Völser Weiher
Weiherstraße 28
I-39050 Völs am Schlern

PHILOSOPHIEREN UND SOMMERFRISCHE

Völser Weiher

Kaum ein Begriff ist in Südtirol während der heißesten Jahreszeit so beliebt wie das zusammengesetzte Wortpaar »Sommerfrische«. Hierzulande wird behauptet, dass es sich dabei um eine abgewandelte Übersetzung der italienischen Redewendeung »prendere il fresco« handelt, was so viel heißt wie »an die frische Luft gehen«. Für das Deutsche ist eine frühe Verwendung des Wortes aus dem Bozner Raum überliefert, wo die wohlhabenden Bürger aus dem heißen Talkessel in ihre kühlen Sommerdomizile ziehen – etwa auf den Ritten, nach Kastelruth, Seis oder Völs. Wer sich – wie so viele – kein Sommerhäuschen leisten kann, findet in Völs dennoch seine verdiente Abkühlung. Sogar im Doppelpack! Zum einen wird hier seit wenigen Jahren das frische Antonius Bier produziert, zum anderen schmeckt es am besten am Ufer des Völser Weiher, einem kleinen, beschaulichen Waldsee mit Romantik-Garantie!

Geistiger Entdecker dieses Naturjuwels muss wohl der Bozner Naturphilosoph Carl Dallago gewesen sein, den die Bauern dieser Gegend, Ende des 19. Jahrhunderts, als »Weiherherr« bezeichneten. Der reiche Bozner Kaufmannssohn Dallago setzte als erster »ein Boot in das trübe Gewässer« und verliebte sich nicht nur in die Landschaft, denn sein Boot im Weiher sollte bald auch sein Brautboot werden. Trotz seiner fünf Kinder währte Dallagos Ehe nicht lange. Aus dem Kaufmann wurde ein Schriftsteller, der sich lieber nackt im Wald und im Wasser aufhielt. Er begann ein Leben als Philosoph und legte ein Buch nach dem anderen vor. Dennoch geriet der »Weiherherr« Dallago trotz seiner vielen Publikationen in Vergessenheit – im Unterschied zum Völser Bergsee am Fuß des Schlerns.

Hier, wo in kalten Wintern kühne Eisläufer ihre kunstvollen Pirouetten vorführen, wird man erst nach einem Sprung ins frische Nass zum waschechten Sommerfrischling. Platsch!

Gutes Bier braucht gutes Wasser. Nicht weit vom Völser Weiher wird seit 2012 in Südtirols höchstgelegener Brauerei das Antonius Bier in Umlauf gebracht.

59

Die Qual des Waals. Mit seinen zwölf Kilometern zählt der **Marlinger Waalweg** zu den längsten Waalwegen in Südtirol.
Startpunkt: Alter Bahnhof Töllbrücke
Quadratstraße
I-39020 Partschins-Töll

Tourismusverein Marling
Kirchplatz 5
I-39020 Marling
+39 (0)473 447147
www.merano-suedtirol.it

DER KLANG VON GLOCKEN UND WASSER

Marlinger Waalweg ab Töll

»Nehmt mich in die Mitte der tönenden Flut – / Ihr Glocken von Marling, behütet mich gut!«, lautet der Schlussvers des Gedichts *Ihr Glocken von Marling* des österreichischen Schriftstellers Emil Kuh (1828–1876). Vor rund 150 Jahren hat er es geschrieben und der bekannte Komponist Franz Liszt (1811–1886), einer der prominentesten Klaviervirtuosen der Geschichte, hat es vertont.

Eine leise »tönende Flut«, die nichts mit dem Glockenschlag der Burggräfler Gemeinde Marling zu tun hat, kann man entlang des wasserführenden Marlinger Waalwegs hören – dem ältesten Waalweg Südtirols. Zwölf Kilometer schlängelt sich der Weg entlang des Waals, wie die kleinen Wasserkanäle in den Alpen genannt werden, die einst von Menschenhand als Bewässerungssysteme erfunden wurden, um möglichst clever viel Wasser in trockene Gebiete zu leiten. Neben dem rund 250 Jahre alten Marlinger Waal sind natürlich auch moderne Bewässerungssysteme zu sehen. Es bestehen mehrere Einstiegsmöglichkeiten, empfehlenswert ist jene unweit des kleinen Bahnhofs *Töll Brücke* in der Gemeinde Partschins. Von hier geht es durch Tunnels und über Brücken bis nach Oberlana – vorbei an Felsen, Kastanienbäumen und Obstgärten.

Zwar sind die Glocken im Kirchturm von Marling nicht mehr jene, die einst beschrieben und besungen wurden. Die neuen Glocken jedoch – sie stammen aus der Zeit nach dem Ersten Weltkrieg – begleiteten das Leben der Marlingerin Maridl Innerhofer (1921–2013), Südtirols bekanntester Mundartdichterin. Bis ins hohe Alter kritisierte sie in ihren Gedichten plötzlich geschaffene Tourismushochburgen, die den urigen Charakter Südtirols in manchen Teilen restlos zerstört haben, und die Auswirkungen auf die Menschen, die vom Fremdenverkehr leben. Seitdem weiß ich, dass man an Tourismus auch erkranken kann.

Maridl Innerhofer war die Tochter des Marlinger Dorflehrers Franz Innerhofer, den wenige Monate nach ihrer Geburt 1921 Faschisten in Bozen erschossen, als er versuchte, einen kleinen Jungen zu beschützen.

60

Gegenüber vom Grand Hotel Karersee folgt man für gut eine Stunde der mit Miss Marple versehenen Beschilderung durch das **Latemar-Labyrinth**.

Grand Hotel Karersee
Via Carezza al Lago 141
I-39056 Karersee
+39 (0)471 618508
www.residencegrand-hotelcarezza.it

GESUCHT: AGATHA CHRISTIE!

Latemar-Labyrinth

Durch ein Felslabyrinth zieht sich ein schmaler Weg, gesäumt von riesigem Geröll. Diese Beschreibung erinnert an eine außergewöhnliche Naturlandschaft in Südtirol und findet sich im Buch *Die großen Vier (The Big Four)* von Agatha Christie (1890–1976), die Mitte der 1920er-Jahre im Gebiet um das wunderschön gelegene Naturdenkmal *Karersee* gewesen sein muss. Zu deutlich sind die Indizien in ihrem Krimi, der ab 1927 erfolgreich über die Ladentische ging.

Wer die landschaftliche Besonderheit des Südtiroler Eggentals kennt, findet das felsige und enge Tal in der Beschreibung Christies wieder – etwa wenn sie schildert, wie der Weg an Steinwänden und Wasserfällen vorbeiführt. Ausführlich spinnt die Schriftstellerin ihre Beschreibung fort und bringt die Straßenführung des Tales, die vielen Kurven, die Bergkulisse und Tannenwälder detailreich zu Papier. Die Fahrt ins Eggental endet schließlich vor einem großen Hotel. Damit meinte die Autorin unmissverständlich das bekannte Grand Hotel Karersee, in welchem einst viele illustre Gäste ein- und ausgingen – von der Kaiserin Elisabeth von Österreich bis zum Premierminister Großbritanniens Winston Churchill.

Immer noch findet sich wenige Meter vom früheren Hotel entfernt das sogenannte Labyrinth, ein geheimnisvoller Weg, der sich durch Felsblöcke und Gesteinsmassen zieht. Die im Roman von Agatha Christie beschriebene Verbrecherbande hatte in diesem Labyrinth aus Felsen ihr Hauptquartier eingerichtet und wollte von hier aus nach der Weltherrschaft greifen. Das konnte nicht gutgehen! Wenige Monate vor dem Erscheinen des Buches *The Big Four* 1927 verschwand Agatha Christie für insgesamt elf Tage spurlos. Ob sie wohl unter falschem Namen im Grand Hotel am Karersee untertauchte?

Über dem Labyrinth thront das Latemarmassiv, das als gemeinsames Bild mit dem Karersee zu den beliebtesten Landschaftsmotiven der Dolomiten zählt.

61

Den **Summerred-Apfel** probieren auf dem **Häuslerhof**
Michael-Pacher-Straße 1
I-39040 Natz-Schabs
+39 (0)472 412519
www.haeuslerhof.net

EIN FRÜHREIFER TAFELAPFEL

Der Summerred-Apfel auf dem Häuslerhof

Bei der Apfelsorte Summerred handelt es sich ursprünglich um eine Kreuzung aus den Sorten McIntosh und Golden Delicious. Den sommerlichen Namen hat der Apfel der kanadischen Obstversuchsanstalt Summerland in British Columbia zu verdanken, die ihn 1964 auf den Namen Summerred zugelassen hat. In den 1980er-Jahren wurde der Apfel, der bereits Mitte August geerntet werden kann, noch von vielen Südtiroler Bauern angebaut. Mittlerweile spielt er wirtschaftlich kaum eine Rolle mehr. Und dennoch: An heißen Augusttagen schmeckt der Summerred, direkt vom Baum gepflückt, immer noch am besten.

Einer, der den Summerred heute noch anbaut, ist Konrad Delazer aus dem kleinen Dorf Raas im Eisacktal. Der sportliche Apfelbauer führt den ersten Südtiroler Radlerbauernhof – ob das »Rad« in seinem Vornamen etwas damit zu tun hat? Einmal wöchentlich bietet Konrad seinen Gästen eine Radtour an, wobei er Apfel- und Fahrradfreunde an die schönsten Plätze des Apfelhochplateaus Natz-Schabs führt. Im gemütlichen Tempo geht es über Wiesen, durch Biotope, Föhrenwälder, Kastanienhaine und natürlich entlang zahlreicher Apfelplantagen, mitunter auf Teilstücken des knapp acht Kilometer langen Apfelweges der Gemeinde Natz-Schabs. Auf der Erkundungstour kann es vorkommen, dass der aufmerksame Beobachter die eine oder andere Apfelkönigin zu Gesicht bekommt, die in dieser Gegend seit den 1990er-Jahren gekürt wird – vor allem, um die Werbetrommel der Südtiroler Apfelwirtschaft zu rühren. Eine dieser mittlerweile über 20 Apfelköniginnen ist Karin, Konrad Delazers Ehefrau. Gemeinsam mit ihrem Mann führt sie den Häuslerhof, samt Gästebetrieb und Hofladen, wo Säfte und Fruchtaufstriche angeboten werden.

Ein Summerred, gepflückt von einer Apfelkönigin Karin, oder eine Sommerradtour mit Konrad – der Sommer kann kommen!

»Der Summer isch ummer« ist eine lokale Mundartredewendung, die in gereimter Form, mit etwas Melancholie im Ausdruck, das Ende des Sommers verkündet.

62

Mit der Panoramabahn auf die **Seiser Alm**
I-39040 Compatsch
www.panoramaseiseralm.info

Tourismusverein Seiser Alm
+39 (0)471 727904
www.seiseralm.it

DAS SCHLINGENSIEF-FOTO

Seiser Alm

Ich muss es an dieser Stelle zugeben, die von Christoph Schlingensief (1960–2010) moderierten Fernsehshows der 1990er-Jahre haben mich fasziniert und nachhaltig geprägt. Der früh verstorbene Lebenskünstler war zwar bei vielen hochrangingen Kuratoren und Kunsthäusern der eitlen Kunstszene lange umstritten – dennoch gelang es ihm, mit einer Prise Anarchie die Gesellschaft zu mobilisieren und der Welt den Spiegel vorzuhalten. Im Oktober 2008 hatte ich Gelegenheit, den Star meiner Jugend für ein Fernsehinterview zu gewinnen. Allerdings bekam ich einen Tag vor dem Gesprächstermin eine Absage der Veranstalter mit dem Hinweis, der Künstler könne aus Krankheitsgründen die Ausstellung im nahen Innsbruck nicht eröffnen. Einige Jahre später schickte mir ein Freund, der Poet und Liedermacher Jörg Zemmler, die Kopie eines Fotos mit einem beim Skifahren für die Kamera posierenden Kind: Es war Christoph Schlingensief! Zemmler, im Dorf Seis aufgewachsen, wusste anhand der Bergkulisse im Hintergrund, wo auf der bekannten Seiser Alm die Fotoaufnahme von Schlingensief gemacht worden war.

Im Lauf der Jahre hat die schönste Hochalm Südtirols durch eine übertriebene Bautätigkeit viel von ihrer ursprünglichen Schönheit einbüßen müssen. Hier drehte aber – kurz bevor der touristische Bauboom der 1970er-Jahre losging – Regisseur Roman Polanski mit Sharon Tate (1943–1969) Teile der Horrorkomödie *Tanz der Vampire*. Auch die Kastelruther Spatzen haben viele ihrer Musikvideos auf der wunderbaren Alm gedreht, auch wenn ihre Musik und ihre Texte für mich immer Grund genug waren, nur mehr selten auf die Seiser Alm zu fahren. Es ist bis heute keiner anderen Musikgruppe gelungen, meine Gefühle für Musik und Sprache derart zu verletzen. Dank des Schlingensief-Fotos von der Seiser Alm hat sich meine persönlich konstruierte Abneigung gegen die unschuldige Alm wieder geändert.

Läuft man die Straße vom Compatsch auf der Seiser Alm in Richtung Panorama-Sessellift, kommt man an einem sehr großen Felsbrocken vorbei – dem Naturdenkmal Cionstoan. Wie der große Stein und kleine Schlingensief in diese Gegend kamen, ist nicht bekannt.

63

Im riesigen Kulturzentrum Grand Hotel wurden und werden die von Hans Glauber initiierten Toblacher Gespräche abgehalten

Kulturzentrum Grand Hotel Toblach
Dolomitenstraße 41
I-39034 Toblach
+39 (0)474 976151
www.toblacher-gespraeche.it

FÜR SCHWEIGER UND GLAUBER

Kulturzentrum Grand Hotel Toblach

Seit den 1980er-Jahren finden in der Pustertaler Gemeinde Toblach die sogenannten Toblacher Gespräche statt. Die Idee dazu, hier auf hohem Niveau über ökologische Themen zu diskutieren, geht auf den Pionier Hans Glauber zurück. 1933 wurde er in diesem Ort geboren, zog dann mit seinen Eltern und Geschwistern als Siebenjähriger an den Comer See. Nach seinem Studium der Wirtschaftswissenschaften in Mailand arbeitete er für den Schreibmaschinenhersteller Olivetti. 1959 ging Glauber nach Frankfurt. Die Stadt blieb bis zu seinem Tod einer seiner Lebensmittelpunkte. Einige Jahre verbrachte er als Student der Frankfurter Schule und später als Künstler – sogar Theodor W. Adorno schrieb für ihn einen Einleitungstext in einem Katalog. Dann wollte Glauber konkret die Welt verändern. »Und warum«, dachte er sich, »nicht von Südtirol aus?«

1985 wurden die Toblacher Gespräche zum ersten Mal veranstaltet. Wenig später war Hans Glauber auch Mitbegründer des Südtiroler Ökoinstituts, welches im traditionsverhafteten Südtirol erstmals nachhaltige Problemlösungen in den Bereichen Energie und Umweltschutz andachte. Dass es in Südtirol ein derart gut ausgebautes Fahrradwegenetz oder seit langem eine breite Akzeptanz für Niedrigenergiehäuser gibt, liegt daran, dass Hans Glauber in seinem letzten Lebensabschnitt alles auf die Öko-Karte setzte. Erst nach dem Tod Hans Glaubers haben viele erkannt, dass in Toblach zwar auch das Komponierhäuschen Gustav Mahlers steht, in welcher dieser *Das Lied von der Erde* komponierte, dass aber das Lied über die Erde ein anderer geschrieben hat – nämlich Hans Glauber, sogar ein entfernter Verwandter des Schauspielers und Regisseurs Til Schweigers.

Bleibt zu hoffen, dass Hans Glaubers Leitsatz »Langsamer, weniger, besser, schöner» irgendwann auch einmal Til Schweigers Motto sein wird. Vielleicht gibt es dann auch wieder einen Oscar für Deutschland.

Til Schweiger verbrachte bereits als Kind seine Sommerferien in Toblach. Ein Teil seines 2014 gedrehten Films *Honig im Kopf* spielt im Hochpustertal.

64

Cineastischer Durchgang mit Blick auf die Streitergasse – eine schmale, aber bedeutende Verbindung zu den parallel verlaufenden Bozner Lauben

Filmclub Bozen
Dr.-Streiter-Gasse 8d
I-39100 Bozen
+39 (0)471 974295
www.filmclub.it

FÜNF MINUTEN KINOGESCHICHTE

Filmclub und Streitergasse

Eines vorweg: Die Streitergasse in Bozen wurde nach Dr. Joseph Streiter benannt, dem einstigen Rechtsanwalt, Dichter und Bürgermeister der Stadt. Nicht deshalb, weil sich in dieser Gasse jeweils im April Kinobesucher um die letzten Eintrittskarten während der traditionellen Bozner Filmtage streiten. Die beliebte Einkaufsgasse ist die parallel verlaufende Nebengasse zu den Bozner Lauben und endet wie die Laubengasse an den Ständen des Bozner Obstmarkts. Dazwischen gibt es immer wieder kleine Durchgänge, welche die beiden Shoppingmeilchen miteinander verbinden.

Wer vor einem Kinobesuch eine Handvoll Minuten übrig hat, dem bietet sich ein kleiner cineastischer Rundgang, der an ehemalige und einmalige Drehorte führt. Interessierte starten am Eingang des Capitol-Kinos und schlendern einige Meter in Richtung Obstmarkt. Dieser Teil der Streitergasse war vor wenigen Jahren Kulisse für den Film *Sommer der Gaukler* des Regisseurs Marcus H. Rosenmüller.

Kaum wahrnehmbar befindet sich an der linken Seite der Häuserwand ein kleiner Durchgang, der den Namen des Künstlers Anton Guido Muss trägt. Die beengende Häuseröffnung, die auch im Film *Decameron* (1970) von Pier Paolo Pasolini zu sehen ist, führt direkt in die Bozner Lauben. Am Ende des Durchgangs bildeten sich in den 1930er-Jahren, an der einstigen Kinokasse des Eden-Kinos, lange Menschenschlangen, wurde doch gerade hier der erste Tonfilm Südtirols gezeigt.

Nun geht's einige Schritte die Bozner Lauben entlang Richtung Rathausplatz. Nach wenigen Metern beginnt links der Durchgang Sterngalerie, in welchem ich einmal hautnah miterleben durfte, wie das James-Bond-Girl Karin Dor – bekannt auch als Ribanna in *Winnetou* – von einem Kinofan wie eine Heilige bekniet wurde. Der spektakuläre Kniefall in Bozens Sterngalerie war die charmanteste Verehrung vor einem Filmsternchen, die ich bisher zu Gesicht bekam.

Seit über drei Jahrzehnten wird das kleine aber feine Bozner Filmfestival abgehalten. Im Wettbewerb laufen vor allem Kinostreifen aus dem italienischen und deutschen Kulturraum.

65

Hinter der Pfarrkirche führt die Autobahn entlang

Spaziergang durch Waidbruck
Startpunkt: Rathausplatz 1a
I-39040 Waidbruck
+39 (0)471 654129
www.waidbruck.it

Trostburg
Burgfrieden-Weg 22
I-39040 Waidbruck
+39 (0)471 654401
www.burgeninstitut.com/trostburg

KLEINSTE GEMEINDE, GROSSE REGISSEURE

Spaziergang durch den Ort

Die enge Gasse der kleinen Gemeinde Waidbruck ist eines der Schlussbilder aus dem Spielfilm *Übernachtung in Tirol* des Starregisseurs Volker Schlöndorff. Dabei springt eine Schar von Kindern über die Kirchmauer und läuft die Gasse entlang. Der Film handelt von einer Autopanne und zeigt die damals neu errichtete Brennerautobahn A22 im oberen Hintergrund. Bis heute schlängelt sich das Betonmonster entlang des Eisacktales. In den Jahren 1973 und 1974, in denen Schlöndorff und seine Crew in Südtirol drehten, wurde das imposante Teilstück fertiggestellt und im April 1974 eröffnet.

Die Autobahn führt immer noch über die Köpfe der Bewohner von Waidbruck hinweg, geradewegs in den Tunnel, den die Autobahnbauer auf den klugen Beinamen der darüberliegenden Burg tauften: Trostburg! Leider hat die Gemeinde Waidbruck ansonsten nicht viel zu bieten – wie auch, ist sie doch mit 2,33 Quadratkilometern die kleinste Gemeinde Südtirols. Dennoch will man im kleinen Waidbruck den größeren Gemeinden ringsherum in nichts nachstehen, deshalb hat man hier vor wenigen Jahren den Dorfplatz neu gestaltet.

Ein Trostpflaster ist für die Waidbrucker allemal, dass der große Volker Schlöndorff hier Teile der Schlussszene seines Spielfilms gedreht hat. Die Hauptrolle spielte übrigens keine geringere als die junge Margarethe von Trotta, damals noch die Frau an Schlöndorffs Seite. Im Film sind einige Musikperlen der 1970er-Jahre zu hören – etwa zu Filmbeginn, als von Trotta, über den Montiggler See rudernd, lauthals den italienischen Hit *Pazza idea* von Patty Pravo singt. Eine köstliche Szene. Für einen kinoreifen Spaziergang startet man auf Waidbrucks neuem Dorfplatz, von wo aus gleich der Weg in Richtung Trostburg führt. Es bietet sich an, sich in eine der Wiesen rund um die Burganlage zu setzen und den Ausblick zu genießen: Hoch über Waidbruck und der A22. Ganz großes Kino!

Seit 2005 beherbergt die Trostburg das Südtiroler Burgenmuseum. Über 80 maßstabsgetreue Modelle geben einen guten Überblick zur mittelalterlichen Baugeschichte des Landes.

66

Dem **Gala-Apfel** auf der Spur im **Südtiroler Obstbaumuseum**
Brandiswaalweg 4
I-39011 Lana
+39 (0)473 564387
www.obstbaumuseum.it

APFELGALA IN DEN ALPEN

Der Gala-Apfel im Obstbaumuseum

In der Südtiroler Apfelrangliste der meistangebauten Sorten belegt der Gala nach dem Golden Delicious Platz zwei. Der Gala ist knackig frisch, aromatisch und hat eine Schale, die etwas zäher ist als jene der meisten anderen Südtiroler Äpfel. Der Apfel ist säurearm und gerade deshalb bei groß wie klein beliebt. Und noch was für Statistiker: Jeder zehnte Apfel, der in Europa sein Unwesen treibt, stammt aus Südtirol. Als größte Apfelgemeinde des Landes hat Lana bei Meran einen erheblichen Anteil an der Apfelproduktion Südtirols und verfügt in Niederlana obendrein über das einzige Obstbaumuseum des Alpenraumes. Auf unterhaltsame Art wird hier des Apfels Vergangenheit und seine Gegenwart erzählt.

Nachdem der Apfel nicht weit vom Stamm fällt, hat Lana auch einen »Lananer Apfel« – der allerdings unerreichbar und ungenießbar ist! Warum? Als Lananer Apfel wird im Volksmund die runde Dachhaube der Pfarrkirche zum Heiligen Kreuz bezeichnet. Im Inneren der runden Kuppel befinden sich deshalb weder Fruchtfleisch noch Apfelkerne, sondern vielmehr eine der größten und schwersten Glocken des Landes.

Heute gibt es weltweit etwa 20.000 Apfelsorten und ohne Zweifel ist der Gala eine der gelungensten Züchtungen überhaupt. Von Neuseeland aus gelangte er um 1960 erstmals in den Handel. Auch die Lananer Bauern haben sich diesem Trend angeschlossen und setzen stark auf diesen Apfel. Die kleine bis mittelgroße Frucht ist länglich und rundum rot betupft. Der Apfel wurde Anfang der 1930er-Jahre vom bekannten neuseeländischen Landwirt James Hutton Kidd in Greytown aus den Sorten Kidds Orange und Golden Delicious gezüchtet. Ursprünglich trug er den Namen »Gala Delicious« und kaum jemand konnte ahnen, dass sich diese Sorte zum Büro- und Schulapfel Nummer eins emporarbeiten würde.

In keinem Südtiroler Ort wurde mehr Marmelade produziert als in Lana. Einst sogar Apfelmarmelade.

MuseumPasseier
MuseoPassiria

67

Die Dauerausstellung »Helden & Hofer« geht über Andreas Hofer hinaus. Sie zeigt, wie Heldentum entsteht, wofür man es gebrauchen und missbrauchen kann.

MuseumPasseier
Passeirerstraße 72
I-39015 St. Leonhard in Passeier
+39 (0)473 659086
www.museum.passeier.it

PASSEIERER HELDEN

MuseumPasseier

Mondschein muss nicht immer idyllisch sein. Diese Feststellung bezieht der Filmregisseur Michelangelo Antonioni auf die besonderen Lichtverhältnisse einer Waldschneise im Passeiertal, die ihn »an die Parkszene in *Blow-Up*« erinnert haben, seinen bekannten Kinostreifen mit David Hemmings, Vanessa Redgrave und Jane Birkin in den Hauptrollen. Der Starregisseur, der sich auch literarisch versuchte, beschreibt in der Kurzgeschichte *In Grenznähe* einen zunächst lustigen, dann aber rätselhaften Abend im Gasthaus des Tiroler Freiheitskämpfers Andreas Hofer. Am Ende kommt es zu einer schaurigen Begebenheit auf einer Lichtung im Tal, wobei letzte Sätze und erste Schüsse fallen – eine Figur verschwindet im Mondlicht.

Wer Wissens- und Sehenswertes über Andreas Hofer, seine Zeit und seine historischen Nachwirkungen einholen möchte, kann sich zu Öffnungszeiten an das aufschlussreiche und gut bestückte *MuseumPasseier* in St. Leonhard wenden. Wer sich hingegen vornimmt, dem atemberaubenden Licht- und Schattenspiel ähnlich der *Blow-up*-Szene Antonionis nachzuspüren, wird in der größtenteils urig gebliebenen Tallandschaft auf jeden Fall fündig, zumindest in klaren Mondnächten. Dieser Zeitpunkt könnte nicht günstiger sein, um die von Antonioni so geliebte grün-weißliche Lichtstimmung aus *Blow-up* auf einer beliebigen Lichtung nachzuempfinden und sich gleichzeitig zu fragen: Ab wann ist denn eine von Mondlicht beleuchtete Szene wirklich idyllisch?

Wie der *Blow-Up*-Protagonist, ein Fotograf, lässt sich natürlich auch der Passeierer Augenblick mit der eigenen Kamera festhalten, wobei der Betrachter zum Zeugen und das Foto zum Zeugnis eines cineastischen Lichtspiels wird – mit einem Hauch von Cannes in den Alpen.

Vielleicht konnten auch einige Spieler der Deutschen Fußballnationalmannschaft das besondere Mondlicht beobachten. Vor ihrem Sieg bei der Weltmeisterschaft 2014 haben sie bei Passeierer Tageslicht ihr Trainingslager absolviert. Und nachts?

68

Der Meridian der Vinobarden. Er setzt den Mittelpunkt des Vinobardenstaates und steht am Rathausplatz in Tramin.

Dorfplatz
Rathausplatz
I-39040 Tramin

Tourismusverein Tramin
Mindelheimer Straße 10A
I-39040 Tramin
+39 (0)471 860131
www.tramin.com

KLAUSTROPHOBISCHE ANGSTZUSTÄNDE

Dorfplatz

Tramin ist die Heimat des bekannten Gewürztraminer-Weines und des höchsten gemauerten Turmes in Tirol. Dank des Faschingsspektakels Egetmann ist Tramin aber vor allem eins: Südtirols Karnevalshochburg. Der Schriftsteller und Wim-Wenders-Drehbuchautor Ulrich Zieger hat sich in den 1990er-Jahren für einen mehrwöchigen Zeitraum an diesem Ort aufgehalten und zeichnete in der Erzählung *Cortaccia – Kurtatsch* ein literarisches Bildnis der damaligen Südtiroler Realität. Als er vor wenigen Jahren erneut in Tramin zu Besuch war, erzählte er von einigen Parallelen, die ihm rückblickend zwischen dieser Gemeinde und der DDR auffielen, besonders im Hinblick auf die Geisteshaltung der Menschen und ihr Umgang miteinander. In seinem Text steht der Ort Kurtatsch für viele andere Orte in Südtirol, wo hohe Berge neben Abenteuerlust auch Platzangst verursachen.

Angstzustände verursacht das in den Bergen verschanzte Südtirol heute gewiss nicht mehr – jedenfalls nicht mehr in diesem Ausmaß. Nur im alten Weindorf Tramin soll es der Dorfbevölkerung gelingen, an gewissen Tagen den Rest der Welt in Angst und Schrecken zu versetzten. Alle zwei Jahre wird hier bei feuchtfröhlichem Gejohle und Getöse, bei rohem Fisch und schwarzer Farbe die traditionelle »Maschggra«-Hochzeit des Egetmann Hansls begangen.

Das heftige Karnevalstreiben sorgt bei vielen, die dieses spektakuläre, urige Ritual im Alpenraum zum ersten Mal miterleben, für Kopfschütteln, für die anderen hingegen ist es einfach gelebtes Brauchtum. Für wen das nicht in Ordnung ist, der soll ein andermal nach Tramin kommen und in Ruhe am Dorfplatz den klaren Gewürztraminer genießen. Nach ein paar Gläsern dieses Weins – so wissen es die Traminer – hat man keine Angst mehr!

Am Dorfplatz Tramin steht auch das Denkmal der Vinobarden. Der Stein steht für die Tätigkeiten einer rührigen Gruppe von Weinkennern rund um den Südtiroler Tausendsassa Jul B. Laner.

69

Ernstes und Heiteres, Düsteres und Erhellendes. Ohne das Theater in der Altstadt würde dem Kurort Meran eine wichtige Kultureinrichtung fehlen.

Theater in der Altstadt
Freiheitsstraße 27
I-39012 Meran
+39 (0)473 211623
www.tida.it/de

LACHEN OHNE ENDE!

Theater in der Altstadt

Das Ende der Zeiten lautet der Titel eines Theaterstückes und es stand am Anfang eines Kleinkunsttheaters, welches im Untergeschoss des großen Meraner Kurhauses zu Hause ist. 1993 öffnete das *Theater in der Altstadt* seine Tore und es zählt bis heute zu den wichtigsten Kulturadressen in Südtirol. Ob Kabarett oder experimentelles Theater, ob ausverkauftes Haus oder weiser Geheimtipp, das kleine Theater ist eine Insel, wo die Zuschauer die Darsteller spüren, sitzen sie doch auf halber Höhe und sehen den Schauspielern direkt in die Augen.

Ich konnte in den Kellerräumen einmal einer genialen Lesung beiwohnen, die ich und meine Lachmuskeln aus mehreren Gründen nie vergessen werden. Der Schriftsteller Max Goldt, der am besagten Abend im Theater las, erinnerte sich später in seinem Buch *Wenn man einen weißen Anzug anhat* an den Meraner Abend: Im kleinen Theater sei die gute Stimmung spürbar gewesen, obwohl niemand gelacht habe.

»Unsere Leute lachen nicht laut, weil sie ja alles mitbekommen wollen«, meinten damals die Verantwortlichen des Theaters im Gespräch mit Max Goldt. Das Theater in der Altstadt belebte über viele Jahre der legendäre Rudi Ladurner (1952–2019). Er war nicht nur Theaterdirektor, sondern führte auch Regie und machte das Licht und den Ton. Manchmal stand er sogar an der Theaterkasse und nahm wertvolles Kulturgeld entgegen. Er gehörte zu diesem Laden wie das Lachen bei einem guten Witz.

Max Goldt nahm den besagten Leseabend in Meran zum Anlass, um die Beziehung zwischen Humor und lautem Gelächter genauer zu untersuchen. Er selbst ziehe nämlich verhaltenes Lachen dem lauten Lachen vor – wie die Südtiroler eben.

Die Texte des Schriftstellers Max Goldt bestechen durch rasante Themenwechsel, Bilderreichtum und seiner Freude an sprachlichen Kunstgriffen.

LITERATURVERZEICHNIS

S. 15: Vilém Flusser, »Mein Tal in Südtirol«, in: *Das Fenster*, Bd. 69–18870, Heft 16, S. 1612.

S. 23: Otto Julius Bierbaum, *Gesammelte Werke, Bd. 3*, München: Georg Müller, 1921, S. 129.

S. 27: Stefan Zweig, »Phantastische Nacht«, in: *Die Neue Rundschau*, Frankfurt: S. Fischer, Juni 1922, S. 593.

S. 47: Helmut Reinalter, *Handbuch zur neueren Geschichte Tirols*, Innsbruck: Wagner 1993, S. 253.

S. 77: Walter Serner, *Das Walter-Serner-Lesebuch*, München: Goldmann, 1992, S. 251 u. 256.

S. 81: Hans Winkler / Kurt Lanthaler / Martin Hanni, *Franz Held – Franz Held: Vordadaistische Texte aus Jenesien*, Bozen: Edition Raetia 2012, Seite 163 und 124.

S. 82: ebd., S. 125.

S. 83: »Ein geistesgestörter Schriftsteller«. In: *Bozner Nachrichten*, 28.2.1900, S. 3.

S. 89: Etta Bengen, *Die große Welt der Gartenzwerge: Mythen, Herkunft, Traditionen*, Suderburg-Hösseringen: Ed. Anderweit, 2001, S. 26.

S. 107: Trinkspruch aus Arthur Oberhofer, *600 Jahre Batzenhäusl* (Festschrift), 2004.

S. 157: Michael Köhlmeier, *Spielplatz der Helden*, München: Piper 1996 S. 148.

S. 157: Rainer Maria Rilke, *Erste Gedichte*, Frankfurt: Insel Verlag, 1923, S. 123.

S. 161: Carl Dallago, *Geläute der Landschaft*, Leipzig: Dege 1907, S. 183.

S. 163: Friedrich Haider, *Tiroler Volksbrauch im Jahreslauf*, Innsbruck: Tyrolia-Verlag 1968, S 254.

WEITERE LIEFERBARE Lieblings-plätze

ISBN 978-3-8392-0044-5

ISBN 978-3-8392-2730-5

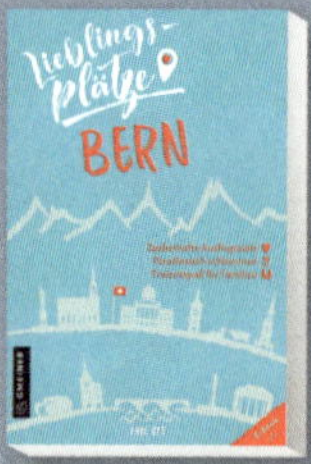

ISBN 978-3-8392-2613-1

ISBN 978-3-8392-2837-1

ISBN 978-3-8392-2616-2

ISBN 978-3-8392-2632-2

ISBN 978-3-8392-2733-6

ISBN 978-3-8392-2731-2

ISBN 978-3-8392-2732-9

ISBN 978-3-8392-2628-5

ISBN 978-3-8392-2621-6

ISBN 978-3-8392-2885-2

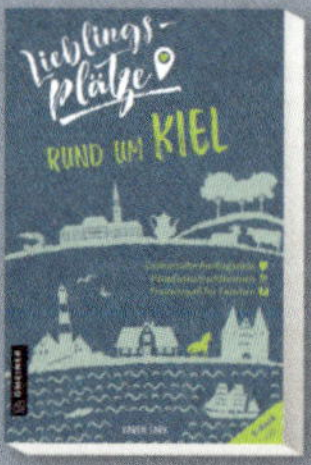

ISBN 978-3-8392-2625-4

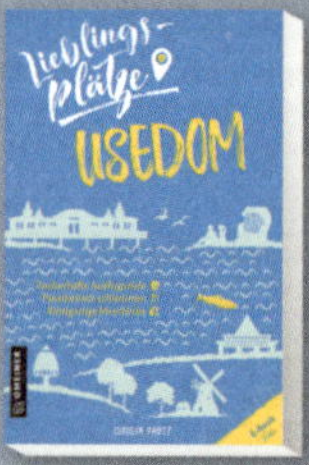

ISBN 978-3-8392-2838-8

ISBN 978-3-8392-2630-8

ISBN 978-3-8392-2631-5

ISBN 978-3-8392-2928-5

ISBN 978-3-8392-2929-3

ISBN 978-3-8392-2932-3

ISBN 978-3-8392-2931-6

ISBN 978-3-8392-2925-5

ISBN 978-3-8392-2622-3

ISBN 978-3-8392-2619-3

ISBN 978-3-8392-2618-6
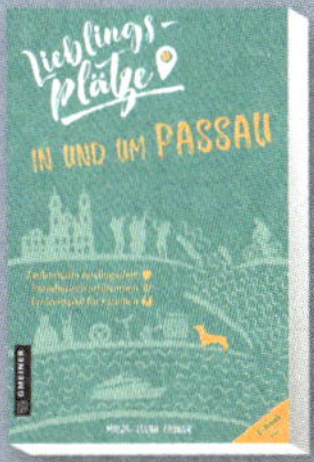

ISBN 978-3-8392-2615-5
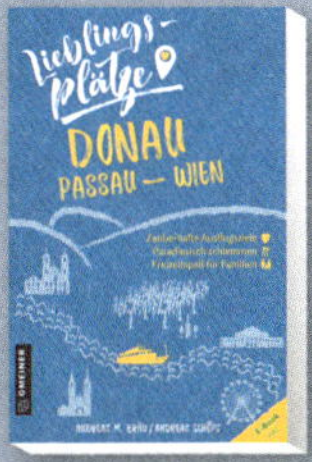

ISBN 978-3-8392-2629-2
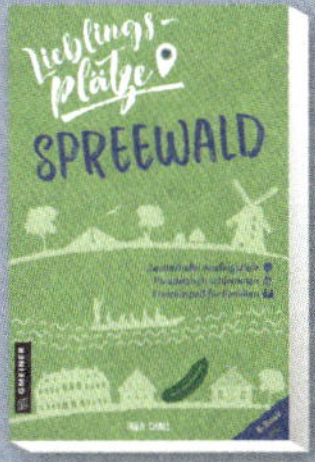

ISBN 978-3-8392-2734-3

ISBN 978-3-8392-2627-8

ISBN 978-3-8392-2617-9

ISBN 978-3-8392-2635-3

ISBN 978-3-8392-2633-9

ISBN 978-3-8392-2612-4

ISBN 978-3-8392-2405-2

ISBN 978-3-8392-2614-8

ISBN 978-3-8392-2839-5

ISBN 978-3-8392-2624-7

ISBN 978-3-8392-2623-0

ISBN 978-3-8392-2611-7

ISBN 978-3-8392-2545-5

ISBN 978-3-8392-2620-9

ISBN 978-3-8392-2634-6
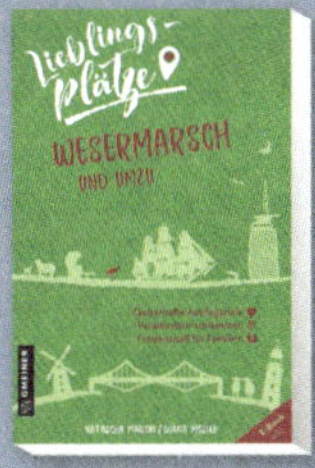

ISBN 978-3-8392-2930-9

ISBN 978-3-8392-2927-9
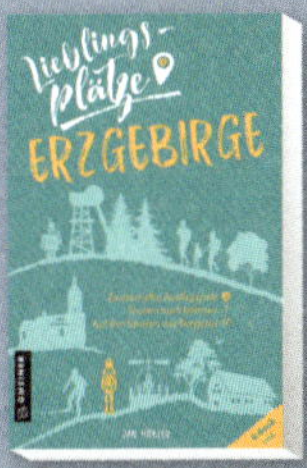

ISBN 978-3-8392-2926-2

ISBN 978-3-8392-2924-8

ISBN 978-3-8392-0043-8

Heike Hoffmann / Stefan Boes
Lieblingsplätze Tölzer Land – Tegernsee – Schliersee
192 Seiten, 14 x 21 cm
Klappenbroschur
ISBN 978-3-8392-2630-8
€ 18,00 [D] / € 18,50 [A]

Der Alpenbogen zwischen Tölzer Land, Tegernsee und Schliersee gleicht einem Paradiesgarten, reich an lohnenden Ausflugszielen für Groß und Klein. Berge und Seen, Moore und Flüsse bilden ein grandioses Naturschauspiel. Klöster, Kirchen und Museen – teils von Weltrang – erzählen von glanzvoller Kultur. Entdecken Sie ein facettenreiches Traditionshandwerk, vom Hutmacher bis zur Naturkäserei, oder schauen Sie zu, wie eine Hirschlederhose entsteht. Verwunschene Biergärten und vorzügliche Gasthäuser machen außerdem jeden Aus- zum kulinarischen Höhenflug.

GMEINER